甘願做戀人

良醫牧師謝緯的
醫療交響曲

陳金興 —— 著

U0032122

目錄 | Contents

啟航曙光 031

青年謝緯 043

謝緯重要紀事

　　醫生是人人敬重的專業人士，收入優渥，生活無虞。謝緯也是醫生，他為什麼要捨棄人人稱羨的收入與社會地位，去為肺病、烏腳病患者義診？在一般看來，謝緯真的是一個「戇人」。然而，他卻是在學習「耶穌為門徒洗腳」的精神，委身自己，服務人群。

1916 年　3 月 2 日出生於日治時代台中州南投郡南投街。

1922 年　就讀南投公學校。9 歲時的一場病，讓他立志獻身給神。

1928 年　小學畢業。就讀州立台中一中。

1933 年　台中一中畢業。高校考試落榜。

1934 年　就讀台南神學校。

1938 年　神學校畢業。赴日習醫。

1942 年　畢業於東京醫學專門學校（今東京醫科大學）。

1945 年　在日本與楊瓊英結婚。

1946 年　自日返台。

1947 年　擔任南投縣名間鄉赤水教會義務傳道三年。

1949 年　受封立為南投基督長老教會牧師。

1950 年　參加門諾會山地巡迴醫療團，進入偏遠山區為原住民義診。

1951 年　隻身前往美國東部進修外科手術三年。

　　　　其間為籌劃肺病療養院興建事宜，積極募款。

1954 年　自美進修返台。

1955 年　兼任「基督教山地中心診所」（埔里基督教醫院前身）首任院長。

　　　　在埔里創辦「基督教肺病療養院」。

　　　　協助開拓南投縣中寮教會，並前往義務講道。

1960 年　任南投教會第二任牧師。

　　　　兼任台南縣「北門憐憫之門免費診所」義務醫師。

1961 年　擔任長老教會台中中會沿海醫療團主席。

1964 年　創辦彰化縣二林基督教醫院。

1966 年　被推選擔任第 36 屆台中中會議長。

1967 年　擔任第七屆南投縣醫師公會理事長。

1968 年　受推選為台灣基督教長老教會總會第 15 屆副議長。

1969 年　受推選擔任總會第 16 屆議長。

1970 年　代理彰化基督教醫院董事長。

　　　　6 月 17 日從南投自行開車前往二林為病人開刀途中不幸車禍身亡。

1992 年　獲追贈第二屆「醫療奉獻獎」，由夫人楊瓊英醫師代表受獎。

謝緯雋語

◆ 甘願做戇人。

◆ 我如果慢一分鐘到醫院，病患們便多痛苦一分鐘，我不能讓病人多受一分鐘痛苦。若是我能早一點到，甚至可以多救一條生命。

◆ 犧牲不是折磨、痛苦，反而是快樂。

◆ 一個成功的外科醫師，除了高明的手術技巧之外，還得具備堅忍持久的精神。

◆ 病人寶貴的生命，掌握在我們的手裡。

◆ 不要把醫術當算術。

◆ 救人所得到的快樂，常勝過金錢。

◆ 當醫生的快樂不是得到金錢，而是得到患者的信賴。

◆ 無論何時病人需要我，我會馬上來。

◆ 像這種很冷的晚上被人叫起來二、三次，身體實在是很累。但是我還是要這麼做。若是因為自己的懶惰，本來應該可以被救的患者，讓他沒有時間可以被救的時候，我就覺得對不起這個患者。雖然很累，但也是要起來，若不這樣做的話，我對我的良心過不去。

◆ 在我生命中最偉大的力量，乃是上帝的存在。

◆ 人生就像一盤棋，有輸也有贏。我們不要計較輸贏，只要專注、認真，抱著喜樂的心情，盡本分去做就好了。

各界鄭重推薦

  馬偕牧師有句名言「寧願燒盡，不願銹壞」，謝緯不只做到了，還做得很徹底！透過這本書，我認識到既是良醫、又是良牧的謝緯，是如何堅守對上帝的承諾，以一生時間在台灣偏遠地區為窮苦病人義診，燃燒自身生命，直至死而後已，其精神令人深深動容。

  本書對謝緯的醫療宣教事業，以及相關的人物互動、歷史事件，做了嚴謹的考究與深刻的描述，並蒐集許多珍貴的圖文史料，可讀性甚高。謝緯的生命故事與感人事蹟，是留給台灣人的重要寶藏，希望藉由這本書，將他的無私大愛一代代傳遞下去。

何飛鵬

城邦媒體集團首席執行長

  陳金興先生是研究謝緯領域的傑出作家。本書透過他極為貼切的書寫，謝緯似乎又活生生地出現在我們身邊。透過本書，讀者可以瞭解到，台灣有這麼一位偉大的牧師兼醫師，就像早期外國宣教師一樣。謝緯疼愛台灣這塊土地，以及受病痛折磨而痛苦不堪的病人。

  他實踐捨己為人的精神，成為社會的一盞明燈。同時，本書也是研究戰後台灣醫療宣教史的重要史料之一，很值得閱讀與收藏。

高井ヘラ一由紀

台南神學院助理教授、圖書館館長、日本基督教團宣教師

　　本書作者陳金興老師，年已半百時，放棄英文教學工作，考入長榮大學台灣研究所，全心研究謝緯，並獲得第一屆碩士學位，師長喝采稱讚。謝緯一生奔走於中、南部的山地及沿海窮鄉，救治那些無助病患的犧牲奉獻及精神，令人感佩。

　　本書由陳金興老師深入書寫，實不作第二人想。此外，他又推動許多謝緯相關的紀念活動，使一位「庄腳醫生」成為台灣人與醫師的典範，更使「謝緯精神」復活，且恢復其在台灣歷史上應有的地位。本書出版，榮幸為之推薦。（2024 年 1 月 16 日大選後，寫於台北杭宅）

莊萬壽

長榮大學台灣研究所榮譽講座教授

　　「一粒麥子如果不落在地裡死去，它仍然是一粒；如果死了，就結出很多子粒來。」

　　謝緯醫師在世的年歲，雖然只有 55 年；但是，他用他的一生詮釋了長老教會「寧願燒盡，不願銹壞」的精神。生命影響生命，成為許多基督徒醫師的典範，繼續他未完成的心願，投入在台灣偏鄉的醫療，照顧那弟兄中弱小的人。

　　作者以他親身的經歷來記述這位「台灣史懷哲」的故事，讓讀者細細品味謝緯的一生。

黃敏生

前埔基醫療財團法人埔里基督教醫院董事長、彰化曉陽眼科院長

　　本書作者陳金興老師研究謝緯牧師／醫師多年，又將謝醫師行醫的美好腳蹤書寫成傳記問世，謝緯醫師足以成為醫界後輩學習的榜樣。謝緯醫師曾說：「不要把醫術當作算術。」因為生命的價值不在於「得著」，不在於名利地位的獲得。生命的價值在於「付出」。

　　他用生命愛台灣，關心與幫助需要的人。人生的價值可以由自己創造，並肯定自己的價值，進一步成為他人的需要，這就是「在需要的地方，看到自己的責任」的最佳寫照。

詹賜貳

彰化基督教醫療財團法人二林基督教醫院院長

　　每當讀到謝緯車禍離世前，和牧師娘楊瓊英醫師所說的最後一段話：「我如果慢一分鐘到醫院，病患們便多痛苦一分鐘，我不能讓病人多受一分鐘痛苦。若是我能早一點到的話，甚至可以多救一條生命！」總讓我鼻酸、哽咽難語。這是謝緯牧師／醫師尊重生命的態度，他不放棄任何救人的機會。

　　我期盼每個台灣人都能夠瞭解謝緯對台灣人貢獻的無私精神。陳金興老師所撰寫的這本謝緯專書，是我們再次思考自己人生定位的佳作。

鄭君平

牧師、《新使者》雜誌執行主編

專文推薦 你想活出怎樣的人生？

陳南州

　　我大學三年級那年，我們中興大學基督徒學生團契依照慣例，在第二學期開學前舉辦春令會。我已經不記得該次春季靈修會的總主題，但記得有一專講的題目是「基督徒的職業觀」。當時的團契輔導推薦一位具有所謂雙重「職業」身分的講師給我們，團契討論後，決定邀請他擔任春令會該專題的講師，他也接受我們的邀請。這位講師，就是謝緯，他既是牧師，也是醫師。

　　謝緯在專講中，並不排斥一般所謂世俗的財富、權力、名望、地位等，他甚至說，基督徒也要在職場上盡力謀取它們。但是他要我們思想：**當你擁有財富、權力、地位、名望等時，你要做什麼？你想過怎樣的人生？**

　　謝緯牧師引用新約〈加拉太書〉使徒保羅的話「現在活著的不再是我自己，而是基督在我生命裡活著。我現在活著，是藉著信上帝的兒子而活；他愛我，為我捨命」來勸勉我們。他認為，基督徒是蒙上帝恩典救贖的人，因此，基督徒要為基督而活。他鼓勵、召喚我們，作為基督徒，要在將來的工作（職業）上，善用上帝所賜的智慧、才能，用所擁有的一切來服事基督和世人。

謝緯的演講，對我而言，不只是感動，也是一種挑戰。

大學畢業後進入神學院學習、預備服事，我逐漸了解謝緯當年在我們團契春令會中的演講，就是基督信仰對於工作的重要教導之一：基督徒要把自己在世上的工作看作上帝的召喚；每一種工作都是「天職」。

另一方面，我也聽聞許多有關謝緯的感人事蹟：他真的是如他給予我們團契的勸勉和教導來生活、工作的人；他以他的生命來服事上帝。謝緯不是具有雙重「職業」身分，而是在不同工作上抱持服事基督與世人之同一志業的人。無論是傳講基督福音，或是行醫，謝緯無時無刻都在回應上帝的召喚。

這本書的作者金興兄，自幼時到青少年，跟謝緯牧師同屬南投教會，聽過謝緯的證道，也和謝緯夫人楊瓊英醫師甚為友好、熟悉。他帶著情感，以生動的文筆，詳實地記述謝緯的一生，他如何以身為牧師和醫師兩種身分，做人做事，進而感動人心的生命特質，以及謝緯活出因基督信仰而有的價值觀和人生觀，闡述得非常深刻、詳盡、清晰。

此外，本書還有謝緯牧師／醫師的夫人楊瓊英醫師的小傳。謝緯身旁有這麼一位跟他抱持同樣心志的妻子，同是要為基督而活，立志活出基督樣式的人生，而且楊瓊英一直陪伴並幫助他，謝緯才能夠專心於醫療宣教事工。這也讓我們了解，謝緯一生為主做工的精神與奉獻，可以如此一再被人傳頌的原因之一。

謝緯「為基督而活」、「活出基督樣式的人生」的決志，曾經

是他生命中的掙扎，他經歷徬徨，甚至想逃避這一呼召的日子。謝緯醫師在〈在所不辭〉（見《標竿》雜誌，1969 年 11 月封面文章）一文中有所敘述。

　　2023 年有一部由宮崎駿執導、編劇的日本動畫電影《蒼鷺與少年》，在台灣、美國各地上映時，都甚為轟動。這部電影的日本片名漢譯是《你想活出怎樣的人生》，據了解，此片的劇情雖是宮崎駿原創，靈感卻來自日本小說家吉野源三郎於 1937 年發表的同名小說。這部小說曾被收錄在小學教科書中，是日本中學生的經典讀物，亦於 2013 年榮獲知名的岩波書店「讀者最喜愛的一本書」票選活動第二名。我個人認為，無論是這本小說或是這部電影，它們之所以感動人，都是故事中的主角在經歷困頓、思索後，在關鍵時刻，決定人生要為崇高的理想和美善的價值來付出，甚至甘心樂意受苦、犧牲。

　　我想，謝緯若是被現在的大學基督徒學生團契邀請擔任聚會的講師，也可以自訂演講的主題，「你想活出怎樣的人生？」或許會是他選擇的主題之一。閱讀金興兄這本描繪深刻、感人的書，回想謝緯牧師／醫師的一生時，我似乎再一次被召喚來思想、回應「你想活出怎樣的人生」這一課題。

　　無論你是否基督徒，「想活出怎樣的人生？」這一課題是你不能逃避的人生問題。而本書一定是你面對這一人生課題很好的指引。

本文作者為前玉山神學院副院長

專文推薦　瞧！這個人！

鄭仰恩

　　謝緯是誰？是牧師？是醫師？是信仰偉人（曾被譽為「台灣的史懷哲」）？或者，他僅是一位真實的基督徒，努力效法基督，活出帶有基督特性的生命？

　　過去，台灣人並不那麼認識謝緯，直到他逝世後二十二年（1992），第二屆「醫療奉獻獎」追贈特別獎給他。其後，2001年1月台南人光出版社出版謝大立牧師所著的《謝緯和他的時代》及所編輯的《謝緯日記》，2010年陳金興老師也出版《台灣另類牧師‧醫師：謝緯》，2016年更製作動畫片。台灣人終於能更全面地認識謝緯的美好信仰典範。

　　讓我感到榮幸又欣慰的是，謝大立和陳金興的書都是從我指導的碩士論文改寫而成。他們兩位都是認真鑽研史料又具有敏銳觀察力的研究者，最特別的是，兩人都深受謝緯的人格和生命特質所感召，因此文筆中總是帶著豐厚的感情。

　　其中，金興老師是閱歷豐富又鍥而不捨的人，記得每次和他討論論文的進度，他總是驅車北上台北，再開上草山，相當辛苦。儘管有時討論時間只有短短一兩小時，他總是興味盎然，看著他

又要驅車南下時，不免感到虧欠，然而不久又會接到他的電話或
email，因為又有了新的發現或想法。我想正是因為這種精神，才
有今天這本重新增補修訂的《甘願做戇人：良醫牧師謝緯的醫療交
響曲》的出版，這也可說是「謝緯精神」的另一種展現。

　　關於謝緯牧師／醫師的一生及其貢獻，我覺得有幾個特別的
面向值得一提：首先，他開創了獨特的「本地醫療傳道」典範。
蘇格蘭來台宣教師梅監務（Campbell N. Moody）在《福爾摩沙的
聖徒》（*The Saints of Formosa*）一書裡將宣教工作區分為「路加之
門」（醫療服務）及「腓利之門」（傳揚福音）兩大類。確實，基督
教在台灣的宣教是從醫療服務起家的，包括馬雅各、安彼得、盧
嘉敏、小馬雅各、蘭大衛、連瑪玉、宋雅各、戴仁壽、井上伊之助
等，都是醫療服務的典範。另一方面，由蘭大衛與梅監務在中部地
區開啟的「雙人團隊」則展現了結合路加之門與腓利之門的「醫療
＋傳道」典範。

　　謝緯一生深受醫療宣教師史懷哲及日本平民教育家賀川豐彥
的影響，以及當年台南神學院院長滿雄才等人的薰陶，最特別的
是，延續宣教師以團隊方式所進行的「醫療＋傳道」傳統，他逐漸
發展出結合他的專業、興趣與熱情的「本地醫療傳道」典範，也就
是「白衫換黑衫，黑衫換白衫」的獨特服事風格。

　　其次，謝緯是一位自由傳道者，年輕時就隱約有一生要以自
由、自給、自立的方式來傳道服事的想法。他在教會服務，但也不
被教會所限制，帶著志願、奮發的精神，服務疆域海闊天空。他也

致力展現台灣人獨立、自立的精神，不再依賴外援，自己帶頭創辦二林基督教醫院。在那台灣社會各種專業逐漸精進的時代，他更不斷拓展所學，到日本、美國學習先進醫學知識及技術，追求進步，堅持專業，與時俱進。他是一位帶著現代性進入世界的服事者。

在台灣社會對醫療服務需求最大的時代，謝緯總是不斷對外連結，跨越邊界，延伸觸角，因此他成為一位在多元團隊中積極服事的人。面對北門嶼烏腳病患的嚴峻需求與困境，他和孫理蓮、王金河組成黃金三角團隊。當然，他身邊家人的協助，特別是妻子楊瓊英醫師的犧牲奉獻，都成為他最大的助力。

最後，謝緯在極不情願的狀況下於 1969 年被選為台灣基督長老教會第 16 屆總會議長，當時，在黨國戒嚴體制及反共意識形態高張的情勢下，他承受國民政府極大的壓力，要求長老教會通過總會年議會決議退出被其認定為「親共」的普世教協（WCC），結果造成該年總會年議會因人數不足而流會。

不久，謝緯於 1970 年 6 月月車禍過世，高俊明牧師代理議長，並在 7 月底召開臨時年議會，以公決方式通過退出普世教協，長老教會後來才於 1980 年在 27 屆總會中以 243 對 5 票通過重返普世教協。這些經歷可說是他服事人生中最具挑戰性的一面，也為他的一生添加了悲劇的色彩。

整體而言，我們可以用謝緯所講過的三句話來概括他的生命：

‧在我生命中，最偉大的力量乃是上帝的存在！——謝緯是

一位具有真實信仰經歷的哲學家，因為曾經逃避上帝的呼
召，在不斷經歷上帝的同在後，就展現新的生命態度：「不
辭辛勞、不再逃避」。

· **我們應該使醫療工作成為上帝之子的行為表現！**——謝緯
是一位委身他者（窮苦者、被拋棄者、被忽視者）的基督
徒醫師。

· **甘願做戇人！**——謝緯也是一位展現基督信仰價值的牧
師，他具有高遠的理想，雖面對巨大挑戰，但仍努力把持
住信仰的理想和原則。

金興老師再度出書，可喜可賀，也誠心推薦！

本文作者為濟南教會神學與教育牧師

專文推薦　一本很值得大家來讀的好書

盧俊義

　　我曾一再呼籲過，傳道者應該閱讀更多信仰上先賢長輩的獻身故事、傳記，這樣才能找到學習的榜樣，而更加堅定自己獻身的使命感。這些傳記，除了是外籍宣教師的故事外，再來就是本地傳道者的獻身事蹟。而這本由陳金興老師所撰寫的書，就是非常重要的經典文獻。

　　用書名「甘願做戇人」這詞來形容謝緯，是再恰當不過的了。南投人習慣稱呼他「謝緯醫生」，我慣稱他「謝緯牧師」，這可能是我也是牧師的緣故吧。在台南神學院一年級時，我被學校派到台南北門嶼教會去實習。那時，台南神學院派了一位學長帶一年級學弟妹一起去，原因是學長會提醒我們注意事項。

　　當時，台南、嘉義沿海地區正流行「烏腳病」。學長一再提醒我們，若有聞到「臭味」，不可以拿手帕遮口鼻。我沒有問緣由，只知道學長這樣交代，必定有其因。果然到了現場，看到有的病人是沒有小腿的，而有的病人是連腿都沒有了，也有失去手臂的（這叫「烏手病」）。

　　我也親眼目睹有兩個病人坐在竹子做的小板凳上，互相拿

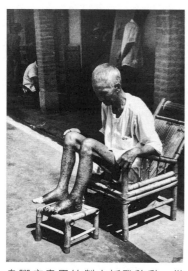

烏腳病患用竹製小板凳移動，備極艱辛。

著鉗子夾出對方腿上已經腐蝕潰爛而生出的蛆，一股很重的臭味飄散開來。這些病人正在等候謝緯醫師安排近日內要開刀，將潰爛的腿切除。學長會蹲下來跟這樣的病人聊天，我們也跟著蹲下來，看學長用手按著病人的肩膀帶著病人祈禱，聽他說鼓勵的話給病人聽。

芥菜種會的孫理蓮女士為了要照顧日益增多的烏腳病患，並顧及他們心靈痛苦之需要，就募款出資，於 1960 年開設「北門免費診所」，邀請在地開設「金河診所」的王金河醫師，以及南投的謝緯醫師，一起來照顧及醫治烏腳病患。

有一次，我們在該教會遇到謝緯醫生來看診，他帶著我們去巡房，探望手術完的病人，也為病人祈禱。我看見病人都面露微笑地表達心中的感謝，也聽到病人一再向謝緯道謝。巡房結束後，謝緯問我們：「有什麼想知道的？」

只要我們提問，他都不厭其煩地回答。例如，我們會問「怎會有這種奇怪的病」、「除了手術之外，還有其它可能治療的方式嗎」、「手術費很貴嗎」、「沒有錢的人家怎麼辦」、「怎會一家好幾

個人都感染」等等，問題一籮筐。謝緯總是很仔細地回答，甚至會告訴我們病人家庭最大的困境，就是「貧窮」。

　　這使我想起羅東聖母醫院的李智神父說的話：「比生病更痛苦的事，就是貧窮。」這時，我們的學長就問謝緯一個問題：「謝醫師，為什麼您在烏腳病這醫院看病、開刀都不拿任何一毛錢？」謝緯回答的這段話，我永遠記在心裡：

　　　我是來這裡跟烏腳病人學習的，學他們在這麼惡劣的家境下，怎樣還保有存活下去的毅力和信心。這不是學校課堂或教科書中可學到的功課，我是來這裡繳學費的。

　　這可說是我第一次聽到有醫生說這樣的話，從前不曾聽過，以後也不會再聽到吧？

　　而最令人感佩的，應該是謝緯的胸襟和遠見；他認為在1960 年代的台灣，已經有許多基督徒當醫生了，更認為台灣不應該再由外國教會來蓋醫院、派醫生來協助醫療服務的工作，而是台灣的基督徒應該自己出錢、出力，建造屬於台灣基督徒所蓋的「基督教醫院」。

　　為了照顧中部沿海地區貧困民眾的醫療需要，他號召了一群同樣理念的醫療工作者，於 1964 年 11 月在彰化沿海偏鄉開辦了「二林基督教醫院」。非常可惜的，是當 1970 年 6 月 17 日他車禍去世後，二林基督教醫院竟然沒落了下來。過去參與的醫療人員

都退縮回去，結果醫院關閉。直到 1980 年，吳震春醫師被彰化基督教醫院禮聘去當院長，在他堅持之下，二林基督教醫院才重新開啟。

　　謝緯更令人感動的，除了上述對金錢看淡之外，就是對社會所看重的名望也毫無興趣。1970 年，長老教會總會選舉議長時，謝緯牧師也是空前絕後、唯一一位在沒有出席議場的情況下，被推舉出來當議長的人。同時，馬上有人懇請他到總會會場「亮相」一下，表示他已經就任了。他很不願意，卻又無法推辭，原因是 1969 長老教會已經面臨許多來自國民黨的極大壓力，要逼長老教會退出「世界教會聯盟」（在教會裡通稱為「普世教協」），只因為該組織曾贊成中華人民共和國加入聯合國。

　　那時整個長老教會可說是風聲鶴唳，傳道者人人不安，包括總幹事鍾茂成牧師也堅持不再續任（這也是後來逼得高俊明牧師必須出來承擔此要職之因），但謝緯承擔下來了。其實，他和陳五福醫師都曾婉拒蔣經國要他們分別出來選南投和宜蘭縣長，這也是當年他出意外車禍，迄今仍舊被多方「懷疑討論」的原因。

　　陳金興老師可說是全台灣對謝緯生平記事認識最多、研究最深入的專家。在他筆下，這本「良醫牧師」謝緯的傳記，非常值得所有的傳道者和基督徒醫生仔細研讀，必定會在獻身傳道和醫療工作上，有相當大的幫助。

本文作者為台灣基督長老教會牧師

專文
推薦　# 天公疼戇人

盧啟明

　　陳金興老師得獎的好書重新修訂出版了！這本書是迄今認識傳主最完整的專著，所有想要認識謝緯／楊瓊英這對牧師／醫師夫婦的人，都建議從這裡當作起點；或者說真正想要了解醫療傳道的精神，以及台灣人的正直本性，都值得從本書再出發！

　　最初認識陳老師是 2010 年啟動的「台灣基督長老教會 150 年史工作坊」。陳老師撰寫醫療傳道專題史，是最早交稿的第一名，之後又多次修正，是作者群的模範生。之後 2013 年同往英國尋訪宣教師腳蹤、拜會 URC 英國聯合歸正教會、CoS 蘇格蘭教會，有了更深的革命情感，並且更加認識陳老師剛正不阿、實事求是的為人，成為我敬仰的研究者。

　　陳老師非常親切，2020 年特別鼓勵我和我任職的台灣基督長老教會歷史檔案館來紀念謝緯別世 50 週年，於是舉辦了一個小而美的展覽，內容講述生平年譜、行醫足跡等。我們特別將過世當天的衣褲做一些小修復，避免因長年吊掛使纖維脫落。楊瓊英醫師駐足觀看時，神情蕭穆，令人動容！

　　為了展覽，我跑了台南的北門嶼，接著陳老師還帶我尋訪多處，如彰化、埔里、二林基督教醫院、謝緯紀念營地等。我們一

起撰寫親子導讀和文化地圖，將訪查資料附在美好腳蹤系列的謝緯繪本裡面。陳老師不但為我引介，還辛勞駕車，最寶貴的就是到南投市「中心診所」，拜訪楊瓊英醫師、汪清／謝慧華醫師夫婦，並且合影。楊醫師雙手牽著陳老師和我，好像三代一樣，令人珍惜且感動，2022 年她也到天上去了，令人無限懷念。如今這本書附上楊醫師的小傳，讓伉儷永遠在一起。

　　這次重新修訂的書，很重要的增補就是關於謝緯死因之謎。這呼應了最近長老教會監控檔案的研究，各界再次注意到一系列的政府監控手段，尤其是退出普世教協（World Council of Churches, WCC）的檔案。我們看到黨國鋪天蓋地佈下監控網絡，透過黨政軍警特、抓耙仔（線民）、協力者，威脅利誘，無所不用其極要分化長老教會，傾軋政教關係。為促成轉型正義及尋求社會和解，長老教會也在 2021 年組成研究小組來調閱、解讀檔案。

　　從台大黃克先教授受促轉會委託《威權統治時期宗教團體監控之研究》，談到國安局 1969 年「16 屆總會檔案」裡的「七二〇專案小組工作人員與長老會總會議長謝緯第一次會晤之經過情形」，大剌剌談到「中五組充分明瞭輔導謝緯之重要性，……展開正式接觸……包括黨國基督教人士以及警備總部代表、警務處代表……應請謝議長暫仍保持緘默，首先物色長老會中純正忠貞之士，再將此等人團結成為一股力量，然後配合有利情勢……」甚至要求謝緯要忠於黨國、切割 WCC 人士！

　　當時黨國政權片面認為 WCC「容共」，因此向台灣基督長老

教會施壓，使謝緯備受煎熬，我們無法想像，他頂住的壓力有多大！謝緯從國際宏觀角度審視教會的處境，並維護主權與尊嚴，令人感佩。當局曾經要他擔任官派南投縣長，但他只想忠於上帝，成為教會裡的清流！

　　可嘆的是，隔一個寒暑的 1970 年 6 月，他就死於「意外」車禍，同年 7 月長老教會就被迫退出 WCC，至 1980 年才得以重返。這憾事真的是謝緯太累而自撞身亡嗎？車子有沒有被人動手腳？實在是有可疑之處。但是我們只能等待未來有更多政治檔案解密，可能會露出一線曙光，或至少解開黨國監控謎團的一小角，而不再是一場夢魘。

　　知名樂團五月天有一首〈戇人〉，歌詞說到：「我有我的路，有我的夢，夢中的那個世界，甘講伊是一場空？我走過的路，只有希望，希望你我講過的話，放在心肝內，總有一天。」其實，陳老師說字義上戀人（賜於心）比戇人（敢於心）來得貼切。感謝陳老師用心刻劃，用溫暖的心靈與筆觸，讓我們與傳主會遇。

　　謝緯／楊瓊英夫婦的故事，真正展現出來的神韻是擇善固執、溫厚篤實，絕對不是愚頑魯莽、笨拙癡傻，他們是帶著基督樣式的牧師／醫師，對於教會和社會絕對不會一場空。總有一天，他們的生命是讓我們放在心肝上的故事。這個世界，奸巧的人數不清，需要多一點的戀人，他們會被永遠敬愛。

　　　　本文作者為牧師、台灣基督長老教會歷史檔案館主任

自序 震撼台灣的醫療脈動

當醫生的快樂不是得到金錢，而是得到患者的信賴。

——謝緯

　　無論從哪一個角度觀看謝緯，都會從中體會出不同的意涵，讓思緒再度奔騰，穿越時空，震撼台灣的醫療脈動，進而勾勒出典範人物的輪廓。雖然事過境遷，物換星移，但是，謝緯的生命故事，猶如一粒麥子，在台灣這片土地上扎根、發芽、成長與茁壯，結出許多美好的果實。這些果實也確實滋潤了許多空虛的心靈，並從中吸吮不朽精神的乳汁，因而價值再度呈現。

　　2010 年 6 月我出版過謝緯傳記，以紀念他逝世四十週年。至今時隔十四年，又過了一個世代，該書也已售罄多年，為此，我試著以「永不絕版的書，自己寫；永不休止的歌，自己唱」的理念堅持，出版《甘願做戇人：良醫牧師謝緯的醫療交響曲》以繼續「上架謝緯」，讓謝緯的台灣精神得以 reborn（再度活絡）。甘願做戇人（Kam-goān Chò Gōng-lâng）意為不計成本，不計代價，不像一般世人那樣精明，也不計較報酬或成果的意思。

　　本書以謝緯本事為主軸。從他的出生背景、養成教育，乃至委身醫療宣教事工。謝緯受孫理蓮宣教師的鼓勵，於 1951 年獨自背著行囊，到美國紐約州進修胸腔外科手術，其行醫方式也獲得新的啟示。在美期間的這位年輕醫生，他接觸過許多美國醫生，他們不只固定在一家醫院看診，也到別的城鄉行醫，有些甚至跨州義診。

　　因此，於 1954 年自美國進修回台之後，謝緯的醫療服務，除了南投自家的「大同醫院」之外，也在「埔里基督教醫院」及台南縣「北門免費診所」為病患診治。1964 年，謝緯覺得台灣人要自立自強，不能再依靠外國人的資助設立醫院，便召集中部多位基督徒醫師，在彰化縣海邊創辦「二林基督教醫院」。這是台灣人的驕傲。以上這些醫療工作，他從一開始就做到他的最後一口氣。

　　謝緯跨過教會與社會的藩籬，他延伸穿黑袍的牧師身分之觸角，改披白袍，走入社會行醫。可謂「黑袍白袍轉流穿，行醫兼把福音傳」。這種價值取捨，是非常不容易的。此舉，衝撞當時社會傳統的窠臼，因為在台灣是從無前例可循的。

　　他充滿熱情與理想，並以人道的終極關懷（Ultimate concern）深入偏遠地區貢獻其醫療專長，為病患義診，為台灣這塊土地與人民，留下令人印象深刻的美好回憶，眾多病患都感念在心。他對痛苦病患的不捨，已超越「視病猶親」的程度，而來到「視病猶己」的關切。因為，謝緯的血液裡，流著對這塊土地的熱情；

謝系族譜

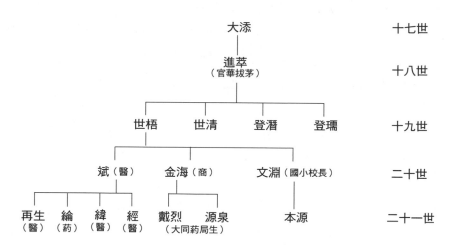

他的宗教情懷，散播出對台灣人的真愛。

　　本書除了主軸謝緯之外，在〈附錄二〉中，也特別收錄了謝緯夫人楊瓊英醫師的故事。這是一篇楊瓊英醫師享嵩壽至 101 歲，真善美的生命見證。她於日本就讀中學，在念東京女子醫科大學時，與表哥謝緯「重逢」，因情投意合、志向一致，不久就結婚，並於二次戰後與謝緯同返南投，與夫婿一起過著行醫的生活。文中亦披露其父親楊雲龍醫師，曾因「二二八事件」而身陷囹圄的始末。

　　而在謝緯別世時，楊瓊英 49 歲，突然間痛失至愛，心如刀割，萬念俱灰。雖如此，她還是勇敢地面對殘酷的事實而「堅毅

轉身」，扛起培育兒女們完成學業、成家立業之重任，並都有好的歸宿。文中另爬梳楊瓊英在守寡五十二年中，靠著對上帝的信仰之精神力量，如何以一顆喜樂的心，再次留住後半生美好時光的心靈轉折，並附上其生活點滴的照片回憶。

　　上帝在「對的時間」（the right time）和「對的場域」（the right place）找到「對的人」（the right person），並以「對的方式」（the right way）做「對的事」（the right thing）。這真是上帝對謝緯一生美好的攝理（Providence）。然而，謝緯卻在「不對的時間」意外身亡，是最令人感到非常遺憾的。

　　上帝賜給謝緯在世的日子五十四年三個月又十五天，他為了讓事情達到圓滿，自己扛起責任，做一些別人不願意做的工作。謝緯就是「甘願做戇人」的代名詞，這是無庸置疑的。而「謝緯牧醫」的一生行誼，更是台灣的醫療宣教典範。

第一部 —— 啟航曙光

家族合照。前排左起：謝瑤、謝瓊、吳上忍、謝經、吳淑美。後排左
起：姜先生、謝緯、楊瓊英、汪蕙蘭、謝綸。（約 1962 年）

一　曙光初現

　　1865 年，英國長老教會的馬雅各醫生（Dr. James Laidlaw Maxwell, M.D.1836-1921）自打狗（Takao，即現今的高雄）登岸，再到府城，開始其台灣南部的傳教活動。1867 年，英國長老教會於派李庥牧師（Rev. Hugh Ritchie, 1840-1879）來台，為駐台首任牧師。李庥牧師在旗後設「傳道者養成班」（The Students' Class）訓練本地的傳道人。

　　謝緯的外公，吳葛[1]（1854-1901），清帝國鳳山縣東港塩埔仔（今屏東縣新園鄉）人。他於 1872 年（時年 19 歲）領洗信教，1875 年進入「傳道者養成班」讀書，24 歲娶屏東東港 18 歲的邱氏銀（1860-1931）為妻。婚後即四處傳道，為百年前台灣早期之傳道人。

　　1885 年，他在府城「長老教會中學[2]」（Presbyterian Middle School）教授漢文。但他家中人口眾多且時常生病，要維持生活

---

1 吳葛之父吳着（-1893），是鳳山縣最初之基督徒，娶劉幼（1833-1911）為妻，兩人共育有四男 三女，吳葛為長子。
2 今台南市長榮高中。

不易,致其教學生涯數次中斷。到後來,因子女不斷生病,需要照顧,遂於 1890 年 8 月離開長老教會中學。離職後,轉往崗仔林、阿猴、琉球等地傳道。由於吳葛到處傳教,工作繁重,足跡又遍及屏東、高雄、台南,甚至遠到嘉義,使得吳葛過勞成疾,身體逐漸衰弱而病逝,身後遺留九男七女。

　　謝緯的母親,吳上忍(1889-1963),是吳葛的第三個女兒,1912 年(時年 23 歲)與南投鎮醫師謝斌(1886-1943)結婚,共育有四男二女:長女謝瓊(1913-1990)、長男謝經(1914-1963)、次男謝緯(1916-1970)、次女謝瑤(1918-2008)、三男謝綸(1919-2015)及四男再生(1924-1995)。

　　吳上忍的家教甚嚴,對信仰非常虔誠,特別重視宗教教育,

  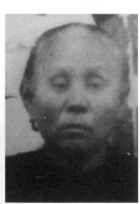

左:吳葛之父母:吳着與劉幼。
中:謝緯的外公吳葛。
右:謝緯的外婆邱銀

吳葛（二排左二）與母親劉幼（二排左三）、妻邱銀（二排左四）及子女們全家福。（1900 年）

要求小孩每天要背誦聖經。吳上忍除了相夫教子之外，也熱心參與教會事工，1924 年 10 月 5 日（時年 35 歲）被推舉為南投教會第一屆執事；1925 年受封為南投教會第一位女長老；1929 年 9 月任女宣（婦女宣道會）首屆會長；1953 年被選為全省第一屆母親節模範母親，並熱心公益及慈善事業。

　　謝緯的父親，謝斌，彰化縣彰化街南門人，4 歲喪父，幼年家境貧困，端賴母親謝林淑（1828-1931）為人洗衣，做針黹栽培家中三子二女。中學畢業，以第一名考取「台灣總督府醫學

左：被尊稱為「阿婆」的吳上忍。
中：大同醫院創辦人謝斌。
右：婚後三年的謝斌與吳上忍 。（1915 年）

校」。畢業後在台北行醫一年，後經老師介紹至南投街找吳銘元
秀才，由其作保證人，向朋友「招會」，籌措資金，在鎮內租屋
開業。

　　原本信仰台灣民間宗教的謝斌，27 歲娶吳上忍為妻，經妻
子的引領而成為基督徒，並於 1927 年被選為南投教會長老。他
創辦「大同醫院」，行醫審慎，頗獲地方好評。其專長為治療
俗稱「冷熱症」的瘧疾，致坊間傳頌「冷熱症找大同」、「頭殼
gông（暈眩）找大同」。

　　謝斌在南投國小旁「三塊厝」有一處果園，植多種果樹，教
會會友及南投街民慣稱為「園仔」。

二　阿緯的童年

謝緯（Siā úi）在 1916 年的春天，出生於南投街三塊厝，為謝家的第三個小孩，乳名「阿緯」。

1922 年謝緯 7 歲，他和大哥謝經（9 歲）一起就讀「南投公學校 [3]」，這是當時南投街上唯一的小學。謝經和謝緯同年級又同班，同出同入，別人還以為他們是雙胞胎。

兄弟倆的成績非常優異，謝經在班上都是考第一名，當級長（班長）；謝緯則是第二名，任副級長。阿緯長得瘦長，個性隨和，但是比較活潑好玩，常和玩伴一起捕蟬、捉蟋蟀、打棒球……。

謝緯出生於基督教家庭，從小就經常在南投教會活動。謝家共有六個小孩，年紀又相差無幾，所以，他們兄弟姊妹每星期天都一起參加教會的主日學。

放學後，阿緯常到教會彈風琴、學白話字（羅馬字）、讀聖

---

3 1895年日本治台，於1898年開辦初等教育，其學制分「公學校」與「小學校」。公學校給台灣人就讀，小學校給在台日本子弟念，並明定公學校的就學資格為年滿8歲以上，14歲以下的台籍兒童。1922年，法令更改為滿6歲即可入學。

謝緯就讀的小學——南投公學校。

經、背誦經節，有時陪教會牧師吳天賜[4]去探訪會友。放暑假時，阿緯也和其他小朋友在教會排演「聖誕劇」。

　　吳天賜牧師還會從諸多戲劇當中，擇優幾齣，帶他們這個「劇團」到鄰近教會「公演」，去過竹山、集集、水里、田中及二水等地。

---

4 吳天賜的父親吳捷陞，是斗六教會會友。1909年從到南投街開照相館，主動提供其店鋪做為當時前往大庄及草屯做禮拜的信徒之集會所，為南投教會創設之緣起。吳天賜（1898-1975）台南神學院畢業後，於1922年至1929年在南投教會當傳道師，1929年-1934年，受派於台中柳原教會及埔里烏牛欄（愛蘭）教會，1929年4月17日在烏牛欄教會受封牧師。林川明於1929年4月接任傳道師至1934年4月。離開五年的吳天賜於同年4月27日回到南投教會擔任首任牧師。

1 謝緯就讀南投公學校時的學籍資料。（1922年）
2 謝緯的小學成績單。修習科目包括：修身、國語、算術、歷史、地理、理科、圖畫、唱歌、體操、實科及漢文。各科成績之標示，甲—優等；乙—普通；丙—普通以下；丁—劣等。
3 就讀公學校二年級。前排由左至右：謝瑤、吳祥麟、謝綸、謝再生、謝緯，後排左起：謝經、梁讚美、吳上忍、謝瓊。（1924年）

1｜2
　3

三 獨特的經歷

　　好動的阿緯，念小學三年級時，有一天放學經過學校門口（路面有十數層的階梯），叫了一聲「哇」！其他同學被嚇了一跳，回頭看他。這時候的阿緯對著圍觀的同學說：「讓我當個仙人下降凡間！」然後他伸張雙臂往下跳。可惜力氣不夠，無法一口氣從最上層跳到底下，結果到第五層時，整個身子往下滾，受了傷，被一位同學背回家。

　　從那天起，阿緯就開始發高燒，還因病況嚴重而休學了。身為醫生的父親，為了兒子的身體健康，同時拜託了多位同僚以及台中醫院院長（日本人）來幫忙醫治他的病。但是，阿緯的病情時好時壞，後來更因發高燒而併發肺膜炎及腎臟炎，極為痛苦。

　　兩個月的時間裡，謝斌絞盡腦汁、百般苦心地醫治他，但阿緯的病情卻毫無起色。只有當牧師、會友來探望，大家唱聖詩給他聽、為他禱告的時候，他才表現出難得的舒適及快樂。由於經過一段時間的治療，阿緯仍未見好轉，遂使謝斌對自己所開的藥方失去了信心，於是他對阿緯說：「如果上帝肯（願意）

的話，祂就會賜你生命」。

　　有一天，吳天賜牧師及牧師娘梁讚美前去三塊厝家中探訪阿緯。

　　吳天賜與謝斌夫婦討論過謝緯的病情之後，即詢問謝斌說，如果這一次我們為阿緯禱告，而他的病好起來的話，你們夫婦願意將阿緯獻給神，一生為主做工傳福音嗎？夫婦倆答曰：願意。於是吳天賜來到奄奄一息的阿緯身邊，對他說：「如果上帝聽了我們四人的祈禱，使你的病痊癒，你願意獻身為主所用嗎？」

陪伴阿緯度過許多快樂的年少時光，也在這裡擔任牧師 21 年的南投教會。（1969 年）

　　阿緯以極微薄的力氣回答說：「**願意獻給主用，至死後已。**」

　　於是，吳天賜、梁讚美、謝斌、吳上忍四人，一起跪在床前，為阿緯迫切祈禱。當時一息尚存的阿緯，呼吸困難，以僅有的薄弱氣息，也細聲禱告說：「**主啊！赦免我，這次祢若留我的活命，讓我的病好起來，我一輩子將為主作忠僕，獻身為祢差用！阿們。**」

　　謝斌再度為他打針之後，逐漸退燒，病情也日漸好轉。那

1 日治時代南投公學校之畢業生。
2 日治時代南投街附近之行政區域。
3 日治昭和年間的南投街街景（今南投市民族路）。
4 日治昭和年間的南投街街景（今南投市中山街）。

1	2
3	4

臥在病榻上已久的瘦弱身影，逐漸恢復往日的風采，於是謝緯繼續求學，功課也不落人後。這一次的意外事件，改變了他的一生。

第二部 —— 青年謝緯

謝緯的照片，以及他的日文簽名。

一　中學時期

　　謝緯雖然經過一場大病，但並沒有影響他的求學過程。13歲小學畢業那一年，他和大哥一起考進「台中州立台中第一中等學校」（即台中一中）。

　　學校規定所有的學生都要住校（學寮），謝緯和大哥住同一寢室，另一南投友人吳坤淵住對面，坤淵為高他們一屆的學長。

左：謝緯（左）與大哥謝經（右）同時考上台中一中。
右：1915年設立的台中一中（俗稱「紅樓」）。

中學教育第一年（攝於 1929 年）。後排右二：謝緯；前排左起：吳上忍、謝
再生、謝瓊、吳祥麟、吳秋頻、梁讚美；後排左起：謝綸、謝經、謝斌、吳天
賜、謝緯、謝瑤。謝斌與吳天賜兩家為世交，經常聚會。

　　1931 年弟弟謝綸也考進台中一中就讀，三兄弟包括經、
緯、綸同時一起在同一所學校度過快樂的中學生活。每年四月是
新學年開始，都會更換寢室，這種制度可使學生之間增加廣泛的
交誼。

　　謝緯在校的生活規律，每天上午八點離開宿舍去上課，下
了課就到網球場打網球一小時，運動之後，大約四點多就直接回
宿舍溫習功課。除了周末外出購買日常用品之外，平時不外出閒
逛，生活規律。每星期日到台中柳原教會做禮拜，他同時參加聖
歌隊，在教會司琴，並擔任主日學教員。

左：謝緯在台中柳原教會參加聚會。（1931 年）
右：謝斌全家福。16 歲的謝緯就讀台中一中。前排左起：謝綸、謝斌、謝林淑、吳上忍、
　　謝再生；後排左起：謝經、謝緯、謝瓊、謝瑤。

台中市柳原基督長老教會的草坪，是提供教會舉辦各種活動的適當場所。（1931 年）

二　萌生自由傳道理念

　　林川明於 1929 年至 1934 年任南投教會傳道師，在他任期之中，成立了「教會青年會[1]」（YMCA），同時組成聖歌隊。謝緯在中學與神學校時期也參加過南投教會的「教會青年會」（YMCA）。謝緯以教會如己家，除定期聚會外，亦常來教會參加靈修、讀書及康樂等種種之活動。林川明在南投教會任駐堂牧師時，正值謝緯的青年時期，兩人時常互談，溝通意見，是謝緯請益的對象。

　　為了儘早培養謝緯犧牲服務的精神，林川明利用閒暇之時，帶著謝緯到山上，去探訪貧困的會友，藉此訓練他刻苦耐勞之能力，以及培養關懷基層弱勢的情懷。謝緯知道自己將來會成為牧

---

1 1932 年所創的「台灣基督教青年會聯盟」，英文名為 "YMCA"。但外國宣教師並不以 "YMCA" 稱 之，而用 " Young People's Society " 替代，可直譯為「青年會」或「青年社」，表示當時的教會青年會並非國際性的「基督教青年會」（Young Men's Christian Association, YMCA）組織，它只是基督教會中的青年團體，但以「青年會（YMCA）」為名，舉辦各種活動。台灣最早的「基督教青年會」（YMCA）屬 1945 年成立的「台北市中華基督教青年會」。為了整合全省教會青年，於 1949 年 5 月 3 日正式成立了不分南北的「台灣教會青年團契」（Tâi-ôan Kàu-hōe Chheng-liân Thoân-Khè 簡稱 T.K.C.）總會。

師，所以他常常與林川明討論當牧師的相關問題。

　　這時，他開始產生一種不同於一般牧師的想法，他認為傳福音不應該只是在教堂裡講道，而是要進入社會，接觸更多的人群，也就是要讓教會與社會相結合。因為這種理念之萌生，確立了他「自由自給之傳道方式」── 自由傳道。

高校考試與留日風氣

　　日治時代學生中學畢業之後，需先受過預科教育，才有資格進入大學就讀，在 1941 年（昭和 16 年）台北帝國大學增設預科以前，「台灣總督府台北高等學校」（高校）是台灣島內唯一升大學（台北帝國大學）的管道。

　　當時台灣人子弟（男）如果要考台北帝國大學，一般正規順序為公學校六年，中學五年，高等學校三年，再參加考試。中學不必念完即可報考高校；高校也不一定讀完即可報考台北帝國大學。但是，也可以在中學畢業之後，直接到日本報考大學。而女子則為公學校六年，中學五年，念到高等女學校，若要讀大學的話，就要到內地日本。

　　另外，因與外國宣教師常互動之緣故，早期基督徒的

謝經（左一）、謝緯（後排右四）及弟弟謝綸（右一）與柳原教會劉振芳牧師（前排中）、青年合影。

父兄，比一般人更容易接觸西洋文化，多少知道世界大勢。他們鼓勵其子弟到外國留學，以吸取新知識。就留學地區而言，略可分為日本、中國及歐美等三部分。當時因為在語言、交通及其他因素等均較為方便，故留學日本的學生人數，遠較赴其他地區留學者可觀，影響也較大。

在日治初期，這些早期的基督徒即率先送子弟入國語傳習所，以便日後到日本讀書。這是因為殖民統治下台灣的教育，長期欠缺完備的制度及充分且公平的教育機會。加上時代潮流之推波助瀾，日治時代留學教育呈日漸蓬勃之勢，非但足以彌補台灣教育之不足，其中受過高等教育的留學生，更成為台灣社會領導階層的主要成員。

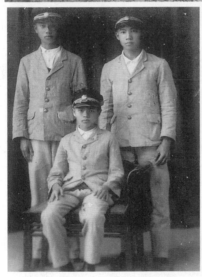

1 經（後排右三）、緯（後排右四）、綸（前排右三）三兄弟同
　時就讀台中一中。

2 謝經（右一）、謝緯（左一）及謝綸（中）三兄弟形影不
　離。（1930 年）

3 林川明傳道師（前排中）於 1934 年 4 月離開南投教會，正
　處於高校落榜低潮時期的謝緯（最後排左一），猶參加林川明
　傳道師的送別會。（攝於 1934 年 2 月）

1
―
2│3

三 高校考試落榜

　　原來對文學就情有獨鍾的謝緯，他在中學四年級時就去參加高校考試，以便將來報考台北帝國大學，進入文學部就讀。但是，卻名落孫山。中學五年畢業之後，他再度赴考，卻依然落榜。

　　這時，謝緯很希望遊學日本，再去報考文學部。但母親拒絕，並要求他立刻去讀台南神學校。父親也告訴他說：

　　當年你生病在絕望中奉獻自己，上帝聽了你的禱告。現在你對聖工有好的計畫，若是上帝的旨意，祂豈不會像十年前一樣垂聽你的禱告？一定會的，因為你已屬於祂，不要自憂自慮……

　　謝緯的父母為了他的事情，急忙向吳天賜牧師求助，當時在埔里烏牛欄教會（今愛蘭教會）牧會的吳天賜立即趕到南投。謝斌除了向吳天賜說明謝緯報考高校名落孫山的來龍去脈外，並詢問吳天賜是否記得謝緯在 9 歲生病時，因他們四人的祈禱而得醫治一事？吳天賜表示記得，接著並問到：「阿緯豈無照誓約去讀神學校嗎？」

　　謝斌回以「沒有」，並表示謝緯因
高校考試二次不及格，每天垂頭喪氣、
意志消沉，已經這樣過了一年多，所以
想拜託吳天賜撥空，帶謝緯到台南去讀
神學校。吳天賜答應了。於是，吳天賜
依照謝斌的請求，提醒謝緯幼時對神的
應許，到神學校去念書。

　　想要打破傳統窠臼的謝緯，以不
同的思維對吳天賜說：「我要獻給上
帝，但方式有很多種，不一定是以在教
會當牧師的方式……」話雖如此，他極
尊重並聽從父母的話，最後，謝緯還是
由吳天賜帶著去府城台南。那時台南神
學校[2]已經開學一個多月。

謝緯的日文簽名。

---

2 台南神學院（Tainan Theological College And Seminary）是一個神學教育機構，1865 年
英國長老教會差遣馬雅各醫生來台佈道。因有感於培養本地宣教人才之需要，乃於
1869 年在台南二老口醫館之禮拜堂開辦「傳道者速成班」。嗣後在台南及高雄旗后亦
成立「傳教者養成班」。至 1876 年乃合併而創辦了「台南大學（神學校）」。第一
任校長巴克禮牧師（Rev. Dr. Thomas Barclay M.A. 1849-1935），學生只有十數名、教
師三名、教室一座、宿舍一棟。1913 年更改校名為「台南神學校」。1925 年巴博士退
休，由宣教師滿雄才牧師（Rev. W.E. Montgomery）擔任校長。1948 年再更改校名為「台
南神學院」，招考高中畢業生修業四年。為有效整合長老教會屬下教育事工，2004 年
11 月 5 日該校正式加入「長榮學園策略聯盟」之合作方案，授權由董事長及院長代表
參加。該組織是由台南神學院、長榮中學、長榮女中、長榮大學、彰化基督教醫院等
單位所組成。摘自台南神學院教務處編，《台南神學院 2007 學年度學院手冊》，（台
南：台南神學院，2007）頁 6-8）

上：謝經（四排右一）、謝緯（三排右
四）、及謝綸（前排右一）三兄弟與
大姊謝瓊（前排左三）皆參加 1935
年的教會青年會（YMCA）。時謝緯
已就讀台南神學校。

下：1933 年 3 月謝緯自台中一中畢業。

謝緯（二排右四）參加台南神學校彌賽亞演唱會（1935 年）。前排左四
為滿雄才牧師娘。

一　破例入學

在「別無選擇」的情形之下，儘管謝緯心中有些不願意，他還是順從父母的話，於 1934 年 4 月「乖乖地」跟著牧師吳天賜牧師到台南神學校。他沒有逃避念神學校，因這只是和自己原來的「生涯規劃」順序相反而已。時值青春期的謝緯，並沒有因此而鬧家庭革命，或離家出走。他以理性的順從，實現幼時對上帝的「承諾」，也對父母有所「交代」。

吳天賜答應謝斌要帶謝緯去台南的隔天，兩人即搭早班的火車出發。到達學校時已經下午四點多，師生大都下課回家了，吳天賜叫謝緯在會客室等著，他自己前往院長宿舍找院長滿雄才（Rev. W. E. Montgomery, 1882-1968）牧師。正在備課的滿雄才聞知有訪客，立刻放下手邊的工作，與吳天賜見面，問他有何要事。

滿雄才牧師。（筆者翻拍自《台灣教會公報》1969 年 1 月 1045 與 1046 號合本）

1927 年在校內懸掛太陽旗的台南神學校。

　　吳天賜告知謝緯想在此刻進入神學校就讀的事情之後，滿雄才面有難色，靜靜俯首沉思約三分鐘後，告訴吳天賜說，學校已經開學一個多月了，如果現在輕率地准許學生來念書的話，豈不是「破例犯規」嗎？

　　吳天賜回答：「沒錯，但是這位學生與眾不同。尤其，這位學生願意自己負擔四年的全部學費，這豈不是學校增加栽培一位有為的傳教者嗎？」當時念神學校的學生，都是免費的，而謝緯

是要自付學費，等於學校多了一筆奉獻收入。

　　滿雄才聽了之後，又思索片刻才表示要先和謝緯面談再說。見了謝緯，聊了幾句，甚感滿意，即同意這位「遲到」的學生入學。於是，滿雄才帶謝緯去學生宿舍，將房間鑰匙交給他。謝緯把衣服、家當及書籍安置妥當，正式成為台南神學校的學生，從此開始了新生活，時謝緯 19 歲。

　　當年中學畢業，高校考試落榜，在經過一段心灰意冷，對生活，甚至對將來也不抱希望的謝緯，進入台南神學校之後，一掃昔日心中陰霾，再重拾書本成為學生之際，春天的花朵為他綻開，也喚回了他昔日的青春活力。

二 校園生活點滴

　　當時學校的學生數大約有四十名左右[1]，教授也不多[2]，因此師生相處融洽。謝緯常在下課後到滿雄才牧師的宿舍，研究音樂、練習鋼琴、小提琴，更將才華延伸至作曲。

　　他也在每星期三晚上跟滿牧師娘學習聲樂。他喜歡聲樂，他認為在悲傷或寂寞的時候，唱歌可以舒緩情緒，得到內心的清靜，慢慢忘掉俗世各種醜陋現實的一面。

　　從未忘懷過文學的他，偶而會作詩、寫小說。從中學時期就養成每天運動習慣的謝緯，曾在長榮中學、長榮女中及台南神學院聯合運動會上，得到賽跑冠軍。

---

1 1931 年至 1938 年（謝緯畢業）同時在學的前後期學生數四十人。以入學年分計算，1931 年十三名（劉華義、蘇天明、歐進安、羅約伯、陳光輝、許贊育、廖間淑、楊招鑑、蕭朝金、潘純榮、許乃萱、邱天登、翁西庚）；1932 年四名（何榮如、賴炳烱、廖三炮、許溢超）；1933 年五名（吳德元、林和引、鍾茂成、康嘉音、汪煥文）；1934 年 5 名（黃東識、謝緯、施錫圭、賴喜華）；1935 年四名（高約拿、楊作舟、金進安、李連登）；1936 年五名（姚正道、陳約翰、楊信得、許德謙、蘇振聲）；1937 年四名（周金耀、呂春長、鍾子時、戴明傳）。《台南神學院校友名錄》，2001 年 6 月，頁 11。
2 除了雄滿才院長之外，尚有巴克禮牧師、武田公平牧師、高金聲牧師、楊士養牧師、黃俟命牧師、黃主義牧師等。

左：謝緯（後排右四）的音樂才華，得自滿雄才牧師娘（前排左三）的啟蒙與鼓勵。
右：謝緯（二排右四）參加台南神學校彌賽亞演唱會（1935 年）。前排左四為滿雄才
　　牧師娘。

　　謝緯的其他興趣尚包括下圍棋及看電影，有時也會呼朋引伴到台南東市場的「盛場」（sakariba）小攤，或附近夜市請同學們吃魚丸湯、燒肉粽、擔仔麵……等。謝緯積極、活潑的個性，經常參加校內外各種聚會與活動。

　　1937 年謝緯在神學校四年級時，擔任學生會會長。鍾子時當年剛進入台南神學校就讀的第一天，在校門口遇見一位身著黑色學生服，腳上穿著棕櫚木屐、頭髮蓬鬆的青年，楊作舟告訴他，那就是南投謝姓望族的謝緯。

　　這一年的 7 月 3 日至 5 日，謝緯曾經組隊攀登新高山（玉山），包括神學校教授黃主義牧師及學生謝緯、蘇振聲、鍾子時，加上新樓醫院的醫師黃永昌、許寸金及汪藥劑師等人。他

四兄弟的青年時期。左起：謝再生、謝　　謝緯（右）與神學校同學林和引（中）、
緯、謝經、謝綸。（1936年）　　　　　　黃東識（左）。

們取道阿里山上山，再循東埔、水里下山，回到家裡南投大同醫
院，接受謝家款待、過夜。

　　當晚，他們一行人也參加了謝家例行的家庭禮拜。翌日，鍾
子時他們要離去時，謝緯問他：「身上是否還有錢？出門在外不
可缺盤纏。」隨即從口袋中掏出鈔票給鍾子時。同年，謝緯曾受
邀擔任賴炳炯牧師結婚時的男儐相。

三　決心報考日本醫專

　　當醫生一直是謝緯的願望，醫治病人並藉以到處宣揚福音，自由傳道，更是他始終期盼的。但是，在他之前，沒有一個台灣人是以「醫療宣教」為一生職志的，也就是說這種做法並「無例可循」。

　　這使得青年謝緯一直處於困惑、無助，以及不知所措之中。然而，在神學校研讀神學二年後，謝緯在未讓家人知道的情況下，開始「偷偷地」著手準備考醫學院的課程。他在 1936 年 4 月 20 日的日記上寫著：

　　從這學期開始，需準備畢業後的升學考試了，目標是醫學院。但此事除了在這裡的朋友之外，都未給人知道。過去我吃了二次痛苦失敗的經驗，這一次絕不再重複失敗，想好好地努力用功，還要將自己用功的分量把它每天記錄下來。忠實地將之記下來的話，可能就不會懶惰吧！

　　事實上，謝緯心中也為了神學校畢業之後要先當傳道師，或

1937 年來台舉行佈道大會的宋尚節博士。

到日本念醫學校而焦慮。1936 年 5 月 2 日至 9 日，中國佈道家宋尚節博士[3]在台南神學校操場，搭建竹棚作為演講會場，舉行「奮興佈道大會」，聚集了約五千人。

正當心煩意亂，站在十字路口徘徊的謝緯，也在人群當中。聽了宋尚節博士的一番話之後，他那困惑的心，才得到解放，在明白神的旨意之後，他更堅定自己的方向。他在 5 月 4 日的日記上寫著：

我想宋尚節博士的話，已經讓我確定自己的生活方針了。當我因為是否可以進入醫學院而陷入苦悶之際，聽了宋博士的一席話，原本內心的自責竟然奇異的消失了。不但這樣，就在那瞬間，我已堅信我所做的決定，是正確的。**就如同宋博士所說，或做傳道師、或做醫生，都是為上帝而工作。**

---

3 宋尚節，（1901-1944），福建莆田人，留美化學博士，為 30 年代具有影響力的一位中國佈道家。1936 年（昭和 11 年）應台灣基督長老教會之邀請來台佈道，4 月 16 日至 5 月 8 日，在台北、台中、台南三地舉行奮興佈道大會，每地各一星期。時台灣在日治下，他之一行一動都受日憲警嚴密監視，但他豪無所顧忌，解經培靈，一時使台灣教會大復興。

　　由於這一句話，我的內心有了非常清楚的感動，我決定了我的將來。同時此後我立志不為名譽心（虛榮心）所動，乃要受純然的聖化，做上帝的器具而活動。若能夠堅強地向此目標邁進，我的名譽心就消除了。上帝啊！我將自己獻給祢，做祢的器具，請祢悅納。

　　在宋尚節的「奮興佈道大會」之後，神學校也組成佈道團，前往附近地區佈道，5月15日這一天，是謝緯第一次在街頭佈道，地點在新豐鎮公所前的廣場。

　　神學校畢業的前一年，1937年4月25日的日記上，又看到謝緯內心的爭戰：

　　我迷路了。一年後我要怎樣行？去日本內地就讀？或是照別人的推薦，冒險渡洋（赴美）？去內地是照自己的計畫，渡洋有很大的吸引力……唉，當選擇哪一邊才好？有人說渡洋也是另一種選擇，不過卻壞了我的計畫……當怎麼處理？

　　時年22歲的謝緯，他在心裡面為了自己的抉擇，又是一番掙扎：

　　……我認為好的，如家裡的人反對時，應該慎重考慮……特別是父母反對時，必須再三考慮。若只是顧自己的想法而全

無視他人想法的人，是利己主義者……

　　1937 年，中日戰爭爆發後，正值日本在台後半期，總督府極力推動「皇民化運動」，又鼓勵大家接受日本神道信仰，定期參拜神社，進行「正廳改善」與「寺廟整理」運動，引起教會極力的抗拒，結果迫使台南神學院關閉。[4]

　　關於當時日本壓制教會的情形，謝緯在 1969 年 11 月的《標竿 Guideposts》雜誌〈在所不辭〉一文中這樣說：

　　在我完成最後一年學業的時候，日本政府已經加緊了他們對教會生活的壓制。如果我現在成為牧師，我會受到秘密警察的騷擾，以及各種規章的限制。

　　在謝緯即將畢業前夕，由於當時台灣的政治情形越來越緊張，日本壓迫基督教愈加嚴重，使得他更加決心要負笈東瀛，研讀醫學。於是他就向神學校暨教會當局申請赴日報考醫專，並說明回台之後，將服務於醫療傳道工作，這個申請被批准了，在 1938 年 1 月 25 日的日記上他寫著：

---

4 1940 年太平洋戰爭爆發，日本政府對福音聖工的干涉日趨露骨，迫神學院任用日人為校長。當時的校長與教界各方經長久討論，及謹慎思考後，咸認「寧為玉碎，不為瓦全」，遂於九月暫時忍痛關閉學校，男女生各十名轉學他校，停辦達八年之久。台南神學院教務處編，《台南神學院 2007 學年度學院手冊》，（台南：台南神學院，2007），頁 6。

　　（教會）傳道局正式通知我可以去參加醫專考試，傳道局有
許可，我才可以去。此事不太愛讓人知道，怕被人家批評……
事到如今，被人批評也好，我都不怕了。我所怕的只有一件
事，就是我怕本身背叛上帝……我不是為了追求平安或安逸的
生活才來選擇這條路。

　　上帝，求祢幫助我，讓我選擇的路成為祢的旨意，幫助我
這個決心，永遠不會改變。

　　謝緯未像一般神學生一樣，在畢業之後直接分發到教會當傳
道師的另一個原因，謝緯夫人楊瓊英說：

　　謝緯在神學院即將畢業之時，同學們都在討論要到哪一間
教會的同時，他的心中也在掙扎：我要不要去教會？我若不去
教會，上帝是否會高興？他都不敢向別人說他要念醫學院的
事，怕人家以為他要賺大錢，不去傳福音。其實他不是，而是
要醫療與傳道相結合。

　　另外，謝緯在〈我的生涯〉一文中，則清楚地表白：

1. 因為戰爭的緣故，再也沒有在教會工作的信心了。
2. 我寧願做自由傳道。
3. 如果這樣做的話，與教會以外的世界有更好的關係。

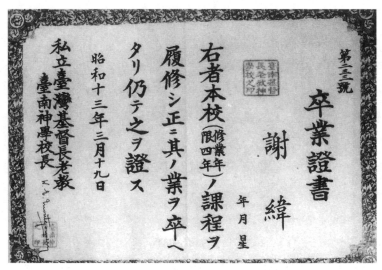

雖然是遲到又早退，謝緯還是完成了神學教育，1938年從滿雄才校長手中領得畢業證書。

1938年3月19日，謝緯自台南神學校畢業。但是，因為他急著到日本讀醫學院，想在考完畢業考後，即刻前往日本，所以無法參加學校的畢業典禮。此舉引來院長滿雄才的不悅，想要拒發畢業證書給他。

謝緯的教授楊士養牧師聞知此事，極力為謝緯說情。他向院長表示，既然謝緯已經完成畢業考試，而且各科成績也都及格，照理學校應該頒給他畢業證書才對。滿院長聽完之後，才同意又「破例」一次，頒發畢業證書給沒有參加畢業典禮的謝緯，讓這位「遲到早退」的學生，得以安心及順利地前往日本，繼續他的醫學院生涯。

在日本吳家後代兄弟情。左起：楊東傑、謝緯、謝綸、汪學文、劉瑞騰。

第四部——

負笈東瀛

一 初抵東京

　　謝緯在神學校邊讀邊準備醫學院的課程，也積極籌備前往日本的事。然而，因為擔心日本政府會騷擾牧師的生活以及壓制教會活動，他曾經想到東京的一所大學去研究文學。但是，謝緯又意識到自己的父親是醫生，還有他的醫療傳道理想，所以當太平洋戰爭爆發的時候，他還是進了醫學院。

　　1938 年 1 月，謝緯寫了一封航空信給正在東京就讀日本齒科醫專的前台中一中室友陳柑菓，告訴他自己和胞弟謝綸將到東京投考醫專，希望暫時借住其宿舍至考試完畢。於是，陳柑菓照約定的時間，前往車站接謝緯和謝綸到其租屋處。

　　當時，只要捐款日幣三萬元就可以免試入學，但是謝緯不想這樣子，他要依照一般程序參加考試，因為他深信上帝將帶領他所要走的路，不管成功或失敗。

就讀東京醫專的謝緯

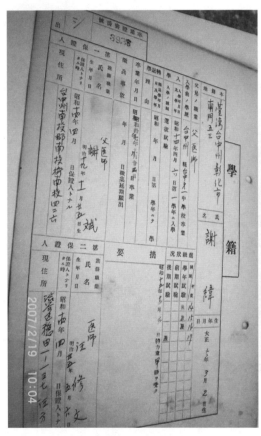

左：謝緯在東京醫專的學籍資料表。
（1939 年）
右：學籍資料表上的相片。

　　3 月中到達東京的謝緯，對於久未接觸的數學較難應付，所以決定補習一年再參加考試。謝緯和謝綸兩兄弟就先在「東京城北預備學校」補習功課。隔年，謝緯順利考上位於新宿區的「東京醫學專門學校」（今東京醫科大學）；謝綸因幼年時聽力受損，依規定不得報考醫專，而考進了「名古屋藥學專門學校」就讀。昆仲倆乖隔兩地，遇假日再找機會相聚。

東京醫科大學校園。筆者在撰寫碩士論文期間，前往日本蒐集謝緯醫師相關資料。（2007 年 1 月攝於東京醫科大學）

二　親族兄弟情

如前所述，謝緯的外公吳葛以「多產」聞名（共十六位子女），家族龐大，其後代子孫繁多，而到日本進修是吳家後代的傳統。而且，這些小孩無論先來後到，為了在生活上可以互相照

謝緯（右二）在東京與親族兄弟同住，在租屋處一起睡在大通舖上。

應，都會相約住在一處或鄰近地區，這也成了吳家後代的不成文規定。因此，謝緯在日本時有許多表兄弟姊妹也在那兒求學，後來他也搬去跟他們住在一起。

根據比謝緯小四歲的表弟劉瑞騰醫師回憶說，當他們在東京（都）念書的時候，前後大概搬家五次，即渋谷、中野、代代木、大久保及下北澤等地方。

與謝緯同住的，除了劉瑞騰之外，其他表兄弟尚包括劉俊雄（劉瑞騰胞兄）、吳晨鐘、吳雅儀、汪

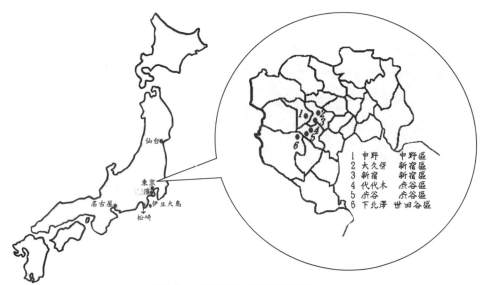

謝緯在日本期間相關地點位置圖。

煥文及楊瓊英（1921-2022）胞弟楊東傑（1923-2022）等人。謝緯延續謝家的慣例，每天晚上聚集眾表兄弟舉行家庭禮拜，並自己彈風琴，或獨唱或與大家一起吟唱聖詩。課餘，謝緯常和劉俊雄及汪煥文下圍棋。

　　因為還有許多親戚要從台灣來讀書，為了方便三餐起居的照顧，楊瓊英的母親特地從台南僱了一位婦人前來世田谷區下北澤幫傭。這位婦人沒有結婚，吃素，年約 50 歲，他們都稱呼她「葉官[1]」。

　　初到日本時，葉官的日語不是很流利，又沒有鄰居和她說台

1　唸成 hioh koan。官，是當時台南對婦人的一種尊稱。

左：東京台灣教會。前排左起：李傳、郭馬西、謝緯、阮德輝；後排左起：吳基福、
　　陳柑菓、林和引、翁西庚。（1940 年）
右：穿著較正式服裝的謝緯（左）。

語，再加上不識字，脾氣又古怪，使她因而常感寂寞。但是，謝
緯對葉官很好，常常陪她聊天，所以她對待謝緯就像把他當作自
己的孩子一樣。

　　謝緯到日本念書時已 23 歲，同在東京的這些表兄弟之中，
屬謝緯年紀最大，是這一群表兄弟中的領導者、保護者。當這幾
個年輕人在一起，偶有爭執或吵架時，他常擔任和解的角色。他
常用當年在台南神學院時，院長滿雄才的話勸告他們說：「人與
人之間要和音樂一樣協調，以和為貴。」

　　在東京求學的時候，謝緯每逢星期日即到東京台灣教會禮
拜，與當時的牧師郭馬西[2]熟識。

2 郭馬西（1891-1966），台北士林人。日本明治學院神學科畢業，並獲美國協和神學院
　神學碩士。回台後，於台灣神學院擔任副院長及教授。1934-1940 年任東京台灣教會
　（時稱台灣基督教青年會）宗教部主事，因留日基督徒學生增加，聚會場所不敷使用，
　曾數度搬遷，1937 年至 1945 年向柏木教會借用禮拜堂聚會。當時的駐堂牧師為植村
　環，她曾任台南長榮女中的校長。

1　謝緯（左）與么弟再生（右）。（1940 年）

2　表兄弟齊聚一堂，無所不談。左起：吳晨鐘、謝緯、汪學文、謝綸、吳
　　振坤。（1939 年）

3　與在日的親戚相聚（大島）。左起：謝緯、汪學文、汪同文、汪煥文（抱
　　小孩者）、汪修文夫人（抱小孩者，日本人）、汪修文。（1942 年）

4　聚會合影，前排左起：謝綸、謝緯；後排左起：劉瑞騰、謝再生。

5　在日本吳家後代兄弟情。左起：楊東傑、謝緯、謝綸、汪學文、劉瑞騰。

6　謝緯（前排右二）與老師及同學聚餐。

1	2
3	4
5	6

三　醫專畢業

　　正值二次大戰期間的 1942 年 9 月 23 日，謝緯於東京醫學專門學校畢業之後，先在表哥汪修文醫師的診所幫忙一陣子。在得知父親生病，家中欠缺人手時，他冒著戰爭的危險，立刻搭船於該年 12 月回到台灣，在自家大同醫院幫忙看診。

　　父親謝斌因嗜酒而傷胃，致健康情形每況愈下。其後因患

左：1942 年 9 月謝緯東京醫專畢業，12 月返台，1943 年 1 月參加「教會青年會」的活動。謝緯（三排右一）與吳坤淵（二排右一）是台中一中前後期校友，吳亦曾從事山地醫療工作。
右：1942 年 9 月，謝緯畢業於東京醫學專門學校的畢業證書。

左：父親謝斌於 1943 年 7 月 25 日病逝。遺像左一為謝緯，右一為謝經。
右：7 月 26 日，謝緯（遺像左）與謝經（遺像右）共持父親遺像。謝經的右邊是吳天
　　賜牧師，正在巴洛克式建築的大同醫院前，引導送葬行列到南投教會舉行告別式。

肺疾及大腸癌，轉送台大病院手術治療，於 1943 年 7 月病逝台
北，謝緯及姊夫高端模與母親吳上忍隨侍在旁。當時大哥謝經的
身體欠佳，謝緯負起了所有喪事事宜。[3]

　　辦完了父親的喪事之後，他為了逃避被徵召入日軍服役，於
1943 年年 12 月 15 日又匆匆地冒險搭船離開台灣，再次東渡日本。

3 謝緯處理了父親謝斌（1943 年）、大哥謝經及母親吳上忍三位親人的喪事（1963 年）。

四 不再逃避

　　對於謝緯來說，1945 年是其生涯關鍵的一年，也是人生重大的轉捩點。大戰即將結束的前幾個月，也度過一段逃難的日子。

　　這一年，他正在東京澀谷一間醫院（廣尾外科）服務，正值二次大戰末期，那時盟軍 B-29 型轟炸機開始對這個城市大肆轟炸。他住處的四周時時有炸彈爆裂，這使他驚覺到，來到日本，是為了準備將來在自己的家鄉——台灣，做一個有用的人，絕對不能白白死在這裡。

　　於是他決定逃到仙台去。他在那裡一家私人的小醫院擔任醫師，雖然住的只是一棟舊木屋裡的一個房間，屋後又有一片墓地，但是日子倒過得很平靜。

　　然而這種日子沒有維持太久，美國轟炸機開始轟炸仙台市。有一天夜裡，突然傳來尖銳的警報聲，俯衝的飛機以及爆發的炸彈，使得在房間裡的謝緯覺得整個房子幾乎都震動起來了。

　　就在這緊張又混亂的時刻，他聽到一個近得嚇人的碎裂聲，原來是一顆燃燒彈擊中他隔壁的房間，炸彈爆炸所噴射出的火

焰，立刻穿透他住處的牆和門。他急忙跳過後窗，跑進墳場。

　　謝緯坐在一座墓碑上，眼看著這棟古舊的房子被熊熊大火吞噬。他獨自在這火花四射的黑暗中，卻有一股安寧氣息，悄悄地溜進他的心裡。這氣息使他停住腳步，平靜地思索著：

　　我在逃避什麼呢？當然不是上帝。但若我是在逃避人，那麼我又如何能幫助他們呢？

　　那天晚上，謝緯下定了決心，從此以後，他要把自己完全交託在上帝的手裡，他的生命屬於祂，永遠不再逃避任何一項挑戰。

　　於是，謝緯毅然決然地從仙台回到東京。當他發現以前工作的那間醫院安然無損時，便開始在那裡再度為病人服務，並且在治癒他們的過程中，找到了新的熱誠。由於此時的謝緯已經不再顧慮自身的安全，所以遇到再辛苦的工作，他也不覺得疲倦。

五 結婚

　　1921 年出生的楊瓊英，父親楊雲龍為眼科醫師，在台南市
民權路自行開業。母親是吳順規，為謝緯母親吳上忍的胞妹。小
時候，楊瓊英曾隨著母親到南投拜訪阿姨，當時便已見過謝緯，
但之後未曾再聯絡，對他也沒有特殊的感覺，只知道有一位大自
己 5 歲的表哥而已。

　　楊瓊英於 1933 年自台南州「末廣公學校」畢業後，就到日
本讀書，所讀的是一所基督教學校 —— 惠泉女學園中學。中學
畢業之後，她跟爸爸說她要去考「聖路加護理學校」，因為楊瓊
英覺得為病人服務很好。但她父親卻說：「不行，你要去考醫學
院。」

　　就這樣，她就乖乖地去考醫學院，但對護士的服務工作還
是有興趣。1939 年她考進同在新宿區的「東京女子醫學專門學
校」（今東京女子醫科大學）就讀，住在學校宿舍，1943 年畢業。

　　大約在 1942 年左右，在留日家族的聚會裡她與謝緯相遇
過。剛開始時，兩人只有默默觀察對方。楊瓊英對謝緯的印象很
好，因為他很會照顧比較晚到日本求學的吳家兄弟姊妹，而且受

過牧師養成教育的謝緯，講話很實在，所以她覺得他是一個很有愛心，又很有責任感的人。

　　不久，謝緯應邀至靜岡縣松崎，協助他的表哥汪同文醫師。就在那裡，他再度遇見了表妹楊瓊英。謝緯的〈在所不辭〉一文中寫道：

　　我踏進我親戚家的時候，第一個意外便是看到我的表妹瓊英。自從到日本以來，我就曾見過她，但僅是泛泛之交而已。隨著歲月的流轉，她已經長大成為一位美麗的淑女……

　　葉官也覺得謝緯和楊瓊英郎才女貌，若能夠結為夫妻，可謂「天作之合」，因此居中牽線，主動為兩人互傳訊息。但是，過沒

謝緯（右一）與楊瓊英（右二）「相招出遊」。前者：楊東傑。（約 1945 年）

左起：謝緯、楊東傑、楊瓊英。

左：在山中漫步的楊瓊英。（約 1945 年）
右：結婚典禮之後全體親友及來賓合照。新郎謝緯右上為汪培英；新娘楊瓊英右為吳
　　上愛。

　　多久以後，謝緯認為還是直接與楊瓊英面對面交談比較好，因此
他就主動約她出來見面。在異鄉重逢的這對表兄妹，幾經交往之
後，彼此都留下美好的印象。

　　結婚之前，謝緯曾問楊瓊英，是否會因為結婚而放棄醫學？
楊瓊英表示為了婚姻她會放棄醫學。謝緯知道自己將來要走的
路，是非常不容易的，路上會有很多荊棘，他曾問過楊瓊英，不
知道她有沒有辦法擔當？

　　楊瓊英堅定地給了肯定的答覆。其實，正當他們二人開始論
及婚嫁的時候，楊瓊英的家人並不贊成這椿婚事。但是，她堅決
地表示「非謝緯不嫁」。

　　於是，在獲得家人的諒解之後，於 1944 年 4 月 30 日，在南
投教會及台南太平境馬雅各紀念教會的禮拜中，兩人同時向會友
報告他們即將結婚的喜事，以此方式表「訂婚」之意。

　　原本家人希望他們回台灣之後再結婚，但當時戰爭即將進入

謝緯與楊瓊英結婚照。

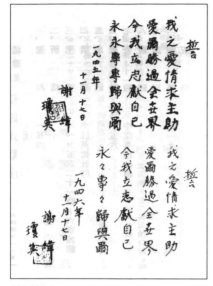

結婚誓言。

尾聲，情勢很亂，擔心不知何時才能回到台灣，所以就在雙方家長的同意下，謝緯和楊瓊英於 1945 年 11 月 17 日在伊豆半島西南邊的一個小漁村 —— 松崎，舉行結婚典禮，由中江英樹牧師[4] 主持證婚儀式。謝緯和楊瓊英立下結婚誓言，內容如下（台語）：

> 我的愛情求主助，
> 愛爾贏過此世間，
> 今我立志獻自己，
> 永永專專歸與爾。[5]

　　他們二人的愛情篤堅，鶼鰈情深，每年的結婚紀念日，皆重新親筆立下誓言，以表白兩人對於愛情的專一與不變。

4　中江英樹（即汪培英，1878-1949）牧師，吳葛長女吳上愛之夫婿，是謝緯和楊瓊英的大姨丈。夫婦育有九男五女，其四女蕙蘭適南投謝綸。1940 年日人在台推行「改姓名」運動，汪培英改名中江英樹。1941 年遷居日本，初往伊豆大島長子汪修文處，後移居松崎與六男汪同文同住。1949 年 3 月 2 日安息，享年 72 歲。牧師娘吳上愛歿於 1967 年 4 月 3 日，享年 88 歲。
5　此乃將《聖詩》306 首〈我的生命獻給祢〉的第五節（台語）：「我的愛疼求主助，愛祢贏過此 世間，今我立志獻自己，永永專專歸與祢」更動二字而成。

謝緯（左）在大同醫院診療病患。

一　赤水教會

　　1945 年 8 月 15 日，日本無條件投降。戰爭既已結束，謝緯帶著新婚五個多月的妻子，於 1946 年 4 月 24 日返抵國門。

　　經過戰爭摧殘的台灣，亟待重建。因戰爭而留下的傷痕，使謝緯眼目所見，為之心碎……特別是對窮苦的人們而言，尤甚於對自然環境的破壞。在其〈我的生涯〉一文中也透露出其對台灣當時環境的不捨與無奈：

　　　　剛從日本回國，抱有莫大的希望想重建這新的國土，但是生活在變化無窮的環境裡，不安定的情況中，與沒有希望的政治情形下五年，這一希望不久就破滅了。

　　　　但這一混亂時期，使我集中我的生活在一個目標上，那便是為基督工作。

　　謝緯的大哥謝經自台北醫專畢業之後，曾任職彰化醫館約一年左右，因當時謝緯及謝綸都在日本求學，父親謝斌身體健康不佳，於是回南投大同醫院幫忙看診。然而，謝經也於 1940 年左

左：郵政信件包裹以台車運送情形。（1916 年）
右：謝緯（左）在大同醫院診療病患。

右因乘坐「輕便車[1]」翻覆而傷及胸部，不久罹患肺結核病，長
期臥病在床。

　　為使大同醫院的診療業務不致停頓，故聘請謝緯的親戚黃
珠心[2] 醫師前來幫忙，在岡山的姊夫高端模醫師有時候也前來支
援，大同醫院的業務始得以維持下去。這種情形直到謝緯和同為
醫師的夫人於 1946 年回到南投之後，才穩固了大同家族，繼續
行醫濟世，造福鄉里。

　　此時回到故鄉南投的謝緯，已經完成了神學和醫學教育，
他不再逃避，隨即開始了傳道與醫療的工作。剛開始的時候，他
在大同醫院看診，為病人施行外科手術；夫人楊瓊英擔任內科醫

---

1 以人力持長竹竿來推動小型鐵軌上的四輪木板車，為早年台灣山林、礦場、糖廠普
　遍使用的交通運輸工具，又稱台車或是人力車。
2 謝緯的妹妹謝瑤適黃酉時，黃酉時的胞姊為黃珠心。

師；胞弟謝綸負責藥局工作。

　　當時位於南投縣名間鄉的赤水基督長老教會，已經二年沒有駐堂牧師牧會。1947 年 8 月，赤水教會的陳辛修長老在田中車站與田中教會陳坤聰執事相遇，陳坤聰關心赤水教會無牧師的事，就向他推介南投大同醫院的謝緯。陳辛修於隔日即前往南投教會，拜託吳天賜牧師與謝緯接洽。

　　謝緯雖然忙著醫院業務，但也極樂意擔任赤水教會義務傳道。同年 9 月第一個星期天上午，謝緯與南投教會許清廷執事，就騎著腳踏車一起到赤水教會。謝緯於禮拜中講道，許清廷指揮聖歌隊。從此以後，不只是禮拜天，連週間謝緯也抽空去赤水探訪會友、主持夜間祈禱會、家庭禮拜，並發動南投教會牧師、會友前去舉辦野外佈道會。若遇無法避免的要事阻擋，才會託其胞弟謝綸前往。

　　謝緯於 1948 年 12 月 17 日在台灣基督長老教會台中中會設立為教師[3]；1949 年 2 月 28 日受封立為南投教會牧師，受聘為該教會「無給職」之副牧師，協助吳天賜牧師。謝緯歷經「傳道師」、「教師」進而「牧師」的身分，在赤水教會義務傳道持續三年，直到 1950 年 8 月聘陳添登傳道師為止。

　　謝緯於 1951 至 1954 年赴美進修，這期間赤水教會會友逐漸增加，禮拜堂座位不敷使用，乃計畫新建教堂。開會決定籌購建

---

3 2000 年之前，長老教會封牧前，先傳道，後教師，再牧師。所以，教師可說是牧師候選人。

築用地之後，教會寫信去美國向謝緯報告此事。在美國進修的謝
緯，建議他們以「養豬」的方式來籌措建堂經費。

　　1953 年 9 月陳添登傳道師離任，以致建教堂之工程擱置三
載。謝緯回國之後，繼續關心赤水教會建教堂之事，再度鼓勵以
養豬變賣之所得經費來建禮拜堂。赤水教會終於在 1956 年 12 月
12 日於現址舉行新教堂獻堂感恩禮拜。歷盡滄桑，且數度遷移的
百年教會，在謝緯的協助之下，穩定成長。

二 山地醫療序曲

　　二次戰後，台灣當時的社會處境，衛生環境不佳，人民罹患肺結核病者眾，家境多貧窮，又以山地鄉為最，是極需要社會救濟的弱勢團體之一。眾多的外國民間組織與教會團體積極投入社會救濟的行列，一方面協助政府從事戰後的救援工作，另一方面也進行其在台灣的醫療與宣教事業。

　　謝緯在 1950 年至 1951 年參加門諾會山地醫療團，這可說是他從事醫療宣教事業的「暖身」運動。這段寶貴的山地醫療經驗，著實為謝緯帶來相當程度的衝擊，也更堅定其日後從事醫療宣教的決心。

✦ 門諾會來台

　　基督教門諾會（Mennonite）屬於基督宗教的一支，1525 年正式成立於瑞士，屬於「重洗派」（Anabaptist），有別於長老教會的「加爾文派」（Calvinism）。在早期的發展過程相當複雜，又屢見壓迫及危機，最後在荷蘭神父門諾西門（Menno Simons, 1496-

1561）的領導下，力挽狂瀾，奠定此一教派的基礎。因此「門諾」之名漸漸成為別人對此教派的稱呼。

門諾會的信徒最初主要分布於荷蘭、德國及前蘇聯等地，現則以美、加居多。於 1920 年在美國賓州 Akron 成立的「門諾會中央委員會」（Mennonite Central Committee, MCC，又稱為「門諾會互助促進會」）為門諾會從事醫療、救濟和教育開發的機構。MCC 自 1905 年即在中國傳教，1949 年自中國移至台灣，最後一位宣教師於 1952 年離開中國。

◆ 山地巡迴醫療團

經過二次大戰摧殘的台灣，滿目瘡痍，各地亟待救援，尤其是偏遠的山地。

1947 年，時任台灣基督長老教會山地傳道部長的孫雅各牧師[4]，鑒於山地醫療資源的缺乏，正好又得知門諾會打算離開逐漸為共產黨控制的中國，乃利用度假的零用金 75 美元，坐船到上海去見 MCC 的救濟工作人員，邀請他們到台灣為山地原住民從事醫療傳道與救濟工作。

於是，門諾會中央委員會（MCC）組團到台灣考察，確定

---

4 山地醫療團的催生者，孫雅各牧師（James I. Dickson, 1900-1967），當時除了在台灣神學院教書之外，每週末開著吉普車進入山區各處傳道，他是台灣原住民傳道事工的開拓者。

救濟工作的需要之後，於
1948 年 2 月正式派遣一批
工作人員來台，並與長老
教會的同工於 1948 年組
成「門諾會山地巡迴醫療
團」（Mennonite Medical
Mobile Clinic, MMC），開
始在台灣山地展開巡迴醫
療工作。

謝緯（蹲者）攀沿在崎嶇的山徑。左一為楊作
舟；左二為高甘霖。

　　該醫療團選定花蓮
為山胞醫療救濟計劃的基
地，於美崙地區租賃製鋁
工廠為診所，免費為原住
民診療，並先後在竹東、埔里以及屏東等地設立山地臨時診療所。
　　他們以一輛改裝的美國軍用卡車，作為載運醫藥品與罐頭、
牛奶等補給品之用，以跋山涉水的方式，進入偏遠地區行醫，是
台灣醫療史上第一批由外籍[5] 與本地的醫護人員、傳道人和翻譯
員所組成的專業醫療團。

5　為了應付激增的醫療工作，MCC 陸續邀請了數位來自北美的醫師加入醫療行列，包
　括 1949 年何樂道醫師（Dr. Robert Hess）、1950 年恩格爾（Dr. Harold Engle）及 1953
　年薄柔纜醫師（Dr. Roland Brown）等。1955 年，門諾會始正式在花蓮市設立「財團
　法人台灣基督教門諾會醫院」。

50 年代門諾會山地醫療團進行巡迴醫療時的「水陸兩用車」。

　　MCC 由孫雅各介紹來台，主要工作為：(1) 介紹現代醫療觀念給山地居民；(2) 為山地居民提供醫療服務；(3) 教育；(4) 傳福音。同時，為了不因「建立教會」一事與長老教會產生相互競爭，門諾會就只有單純地從事醫療與救濟工作。若有原住民受到醫療服務而信主，則由長老教會與予帶領，或設立教會進行後續的宣教及栽培。

　　門諾會高甘霖牧師[6]在 1950 年 1 月從香港搭船抵達基隆，傳教士孫理蓮（Lillian Ruth Dickson）向他做山地醫療團工作簡

6 高甘霖 (Rev. Glen Daniel Graber , 1920-)，基督教門諾會美籍宣教師，1950 年加入門諾會東部山地醫療工作，婚後移居台中，從事收容孤兒的工作，並於 8 月 15 日在台中創辦「光音育幼院」。1954 年與呂春長牧師共同創設門諾會台中林森路教會，1964 年 7 月，於台中正式成立「基督教兒童福利基金會（Christian Children's Fund 簡稱 C.C.F.）台灣分會」（家扶中心），高甘霖牧師任第一屆會長。高甘霖有「台灣孤兒之父」之稱。

...

MCC 竹東山地診療所。前排右一為高甘霖；右二、三為吳坤淵醫師夫婦[7]。
（1954 年）

報，並請他駕駛巡迴醫療車去參加佈道會。後來，孫理蓮介紹他
與呂春長[8]牧師認識，並談及基督徒組成山地醫療團及開拓山地
教會事宜，高甘霖擔任山地醫療團負責人。

此後 MCC 除了維持在東部的山地醫療工作外，高甘霖又在
西部山區開辦第二支巡迴醫療團為原住民服務，團址位於台中。

---

7 吳坤淵（1914-1996），南投人，台北帝國大學醫學部畢業。五○年代參與門諾會山地
　醫療團，足跡遍及竹東與屏東三地門。1955 年協助開拓中寮教會。1960 年在南投鎮
　開設「重生診所」行醫，曾任南投鎮衛生所主任及南投教會長老多年，與謝緯熟識。
　其女婿趙文崇醫師自 2003 年擔任埔里基督教醫院院長。
8 呂春長（1914-），澎湖人，為著名的佈道家。1941 年畢業於台南神學院，1943 年 7 月
　在大肚教會受封立為牧師。曾在門諾會與長老教會諸教會佈道，深入山區從事醫療
　宣教，曾任長老教會台中中會傳道部部長，1964-1994 擔任台中市忠孝路基督長老教
　會牧師。謝緯於 1934 年就讀台南神學院，呂春長於 1937 年進入南神，兩人同時期在
　南神就讀。

為台灣深情奉獻的孫理蓮

　　孫理蓮於 1901 年 1 月 29 日生於美國明尼蘇達州彼略湖（ Prior Lake ）畔，就讀馬加勒斯特學院（Macalester College, St. Paul, Minnesota ）。她的同學孫雅各（ James I. Dickson ）來自南達科他州農場，是一位長跑運動員。

　　1924 年他們從馬加勒斯特畢業之後，孫雅各升學普林斯頓神學院，而孫理蓮教了一年中學後，就讀紐約聖經神學院（ Biblical Seminary ）。1927 年 5 月 16 日與孫雅各結婚，即隨夫婿離鄉背景，遠從加拿大來台。

喜歡照顧貧困孩子的孫理蓮（右一）

她身兼師母（牧師娘）、母親，又是宣教師。1948 年在美國成立「基督教芥菜種會」（The Mustard Seed, Inc.）到處募款，於台灣當時的時空環境下，積極從事肺病、痲瘋病及烏腳病的醫療工作；又在全台各地設立產院、育幼院、兒童之家、褓姆學校等，並至監獄傳道。

孫理蓮偕夫婿攝於「憐憫之門北門免費診所」門前。（1964 年）

芥菜種會的服務據點包括：台北市、台北縣的新莊、萬里；桃園縣角板山；南投縣埔里；台中市；雲林縣虎尾；台南縣北門；台南市；高雄市；屏東縣；花蓮縣；台東縣新港、關山、台東市、蘭嶼及澎湖縣。

孫理蓮於 1983 年 1 月 14 日去世之後，與丈夫孫雅各一樣，葬於台灣神學院教堂邊。

◆ 犧牲是一種快樂

　　門諾會山地巡迴醫療團（MMC）需要醫師協助，這時候，與
謝緯同是台南神學院前後期校友，又彼此熟識的呂春長向孫理蓮
及高甘霖推薦謝緯加入團隊。因此，謝緯於 1950 年 10 月起開始
與高甘霖、呂春長等人進行山地巡迴醫療工作。謝緯在〈在所不
辭〉一文中提到：

　　有一天我遇見了孫理蓮教士，告訴我說，她對山地同胞當
中患病和垂危的人，內心有一種極大的負擔。「謝醫師，這些窮
苦的人們需要你。我們有一個巡迴診所，可以四、五個人一起
出診。」
　　這是我的第一個挑戰，而我並沒有逃避。我們一起攀蜒崎
嶇的山徑；睡在泥土地上；我們在霧中雨裡全身濕透，然而我
們與主同行，拯救生靈，這令人興奮。

　　謝緯參加 MMC 的時間雖然不是很長，但是在這將近一年的
工作當中，使他注意到貧窮的原住民同胞。不但如此，謝緯更多
了一些心得：

　　1. 美國人比我們更苦幹。
　　2. 犧牲不是折磨、痛苦，反而是快樂。

謝緯（右）與呂春長（左）乘坐「輕便車」往返中部山地巡迴醫療傳道。（1951 年）

　　由於台灣的山地陡峭，加上當時中部尚未有橫貫公路，[9] 交通相當不便，因此從事山地醫療極為艱辛。醫療團要深入原住民部落常要步行七、八個鐘頭，涉水過溪、穿過陰森可怕的森林，除了自己搬運行李之外，還要運送物資及醫療器材。

　　他們所喝的水未經消毒，三餐也極為簡便，晚上經常是席地而睡。在這種苛刻的生活條件下，謝緯盡心盡力地工作著。根據呂春長的回憶，謝緯常常獨自在一天內診治五百名以上的患者，這樣的工作量其實是相當大的，他不但毫無怨言，還充滿喜樂。

9 中部橫貫公路於 1960 年通車。

1 高甘霖牧師全家福。
2 高甘霖牧師（二排右二）與受洗者合影。（1961/08/13）
3 應 MCC 之邀加入醫療行列的薄柔纜醫師。
4 與謝緯一起從事山地醫療的呂春長牧師。（1960 年）

1	2
3	4

孫理蓮說：

　　我們得爬山過溪，在任何條件之下而睡、吃。謝緯常常一天看幾百位病人，有時候上千。就算我們有一群工作人員在旁幫忙，他還是過勞。但是不論遇到多麼困難的工作，或處於不良的生活條件中，他並沒有失志或激動，反而時常快快樂樂。

　　除此以外，謝緯在醫療團工作幾個月後，他告訴呂春長：

　　我以後不再領此津貼了，[10] 因為美國人到台灣行善，我們拿他們的錢，對神說不過去，在人前抬不起頭來，對自己也心感不安。

　　「犧牲」是一種「快樂」，「甘願做戇人」的人生哲學，在他心中逐漸萌芽。

　　不領取 MMC 的津貼之外，他在山地與醫療同工同行之時，也常自掏腰包買餅乾、汽水等招待他們。當這些美國青年朋友表示這樣不好意思時，呂春長就幽默地說：「沒關係，中美合作嘛，不一定要誰請客。」藉此大家談笑，減輕旅途之疲倦及辛苦。

　　高甘霖牧師相當強調醫療與傳福音兩者應該結合，於是在山

10　最初醫療團每個月補助謝緯美元 60 元費用。

地巡迴醫療服務中，他們會帶病患做禮拜及播放福音影片，因此帶領了許多原住民信主。

　　MMC 工作的主要地點多選在當地的鄉公所、派出所以及校園等公共場所。早上由謝緯或呂春長教唱福音短歌，接著由呂春長以掛圖佈道。

　　結束後，謝緯和三、四位醫師做醫療工作，呂春長、孫理蓮及高甘霖則在一旁分發藥品，並做簡易的外科治療；晚上則以幻燈片輔助佈道。病症的治療主要為蛔蟲及頭蝨等，一起的同工約有十名左右，包括醫師一至三名、牧師二到三名及工作人員。

第六部 —— 揚帆美國

謝緯（圖中）與美國友人。

一　哈囉，紐約

　　有一天，孫理蓮問謝緯願不願意到美國去做進一步研習？她說：「那樣你就更能充實自己而為上帝和這一些人服務。」這是另一種挑戰，他同意前去。因此，謝緯暫時告別了門諾會山地醫療團的工作，於 1951 年秋天前往美國進修外科手術。

　　在美國紐約州的醫院中，謝緯認識了鮑伯・馮雷醫師，以及在加州舊金山的教會中，也感動了瑪喜樂太太，促使她來台奉獻醫療服務半生。

　　由於五、六十年前台灣尚在戒嚴體制之下，要出國是件不容易的事。謝緯要到美國進修的消息，讓南投的鄉親以及教會的會友，不但振奮不已，也感到非常光榮。在鄉下的小鎮上，難得呈現一片歡欣鼓舞的氣氛。

　　除了謝緯的親朋好友為他餞別之外，1951 年 9 月 30 日南投教會、10 月 7 日赤水教會也分別為謝緯赴美進修舉行歡送禮拜。

　　10 月 10 日，36 歲的謝緯帶著簡單的行李，由太太、岳母及李慶耀等人陪同，從南投到彰化火車站，搭台鐵的「夜快車」到

赤水教會為謝緯（三排左六）赴美進修舉行歡送會。（1951 年 10 月 7 日）

基隆乘船，啟程赴美國東部紐約市。抵達之後，他先在布魯克林區（Brooklyn）的「聖約翰英國國教醫院」（St. John Episcopal Hospital）實習兼進修英語。

　　獨自遠渡重洋來到美國紐約之後的謝緯，這段時間與台灣家人的聯繫，只能靠著魚雁往返，以解思鄉之情。在他結婚紀念日的前二天寫信給太太，提到自己回憶起六年前，大戰剛結束不久，他們在日本結婚時，得到大家的祝福，至今內心仍是非常感謝神。如今他們都已經為人父母了，再過不久將會老去，因而感嘆歲月真是不饒人！

　　除了感謝和感嘆之外，由於謝緯認為在美國的這段時間，是其自我裝備的最後機會，因為責任感的驅使，令他不禁有一點擔

心。他雖已決定在美國告一段落回台之後，將盡力為主做工，至死而後已。但是他自認為自己的頭腦沒有比別人聰明，能力也沒有比別人強，而今能有這個服事的機會，都是從上帝所領受的，完全是上帝給他的恩惠，因此也希望楊瓊英也能夠和他一起獻身，一起工作，一起分憂解勞。

南投教會於謝緯赴美進修之前 10 天舉行惜別感恩禮拜。（1951 年 9 月 30 日）

二　聖瑪莉醫院

　　1952 年 2 月初，由於初至美國不久，語言、文化正在學習與適應，醫院卻在無預警的情形下，將謝緯解聘，理由是因為他的英語能力欠佳。

　　此事讓他頓時感到前途黑暗，在失望之餘，萌生退意，真想就此結束在美的進修，立刻返家。但是，他在日記上說，他讀了《聖經》〈約伯記〉以及吟唱聖詩〈至好朋友就是耶穌〉之後，又燃起了信心。於是，謝緯積極拜託朋友幫忙另尋醫院。

　　關於這段突如其來的打擊，他寫信請太太放心，因為他的美國朋友們真的對他很好，除了鼓勵、安慰他之外，還四處為他詢問其他醫院，他相信不久就會有好消息可以告知。果然，不久就在朋友的熱心幫助下，他有了四、五個面試的機會。

　　在面試時，謝緯毫不避諱的告知對方，自己被解聘的理由是因為英文程度不佳。但是那些醫院都告訴謝緯說，他們不會因為這個理由而不任用他。甚至還有的在與謝緯交談之後向他表示，以一個外國人而言，他的英文程度已經夠好了，於是就錄用了他。

謝緯在美進修三年地點圖示。

　　謝緯從 1952 年 2 月 16 日起，正式成為紐澤西州位於河邊的「聖瑪莉醫院」（St. Mary's Hospital）的一員，除了月薪七十元之外，院方還提供食宿。因此，除了三餐不用煩惱之外，他還有屬於自己的房間，不用在外面另外租房子住。

　　在生活與工作皆趨於安定之後，謝緯寫信給太太，除了向她報告美國的事情之外，也關心家中小孩及親人，並特別請太太多加關照喪偶已經九年的母親。由於大哥謝經已罹患肺病十餘年，病情時好時壞。因此，謝緯也提醒太太，若是大哥的身體還沒有恢復得很好，就讓他多休息，不要讓他常常出來為患者看病。

　　身處異鄉的遊子，生活依然規律，在醫院的實際臨床案例

中，獲得寶貴之經驗。他埋首於繁忙的醫療工作之中，仍然沒有忘記他對神的允諾，以及感謝家人對他的栽培與照顧。9 月 12 日的家書上寫著：

第一、我是一個奉獻給上帝的人，所以無論做任何事，皆要以神為中心。第二、從小到大，我得到家人的溫暖以及受到家庭給我的恩惠，我很感謝。我是一個喜歡大家庭生活的人，我會更加愛護我的家庭。

同時，他對於將來學成歸國之後要何去何從，尚無定見，他透過家書向愛妻表達自己的想法：

將來若教會醫療需要我幫忙，我會盡心盡力去做。假如沒有這個需要，而我個人若有一家醫院的話，我計劃在醫院體系之下，另外成立社會關懷部，來免費幫助那些無力就醫的貧困患者。如果上帝憐憫我，又容許我活到 60 歲以上的話，屆時，就會把醫療事業傳給後輩，我就可以全心地去傳福音了。

三　費城之秋

　　1952 年 9 月 26 日，在紐澤西州待了七個多月之後，謝緯來到了賓州費城（Philadelphia），在這裡第一次與鮑伯・馮雷醫師（Dr. Bob Finley）見面，鮑伯是孫理蓮介紹給謝緯認識的。10 月 1 日，謝緯開始了他另一階段的新生活，他進入賓州大學（University of Pennsylvania）醫學院附設醫院工作。

　　楓紅時節的美東，景色宜人，葉落滿地的費城，也在濃濃的秋意下，散發出迷人的氣息。正逢中秋的謝緯，「獨在異鄉為異客」，當然就「每逢佳節倍思親」了。

　　這是謝緯在美國度過的第一個中秋節，他利用週末的時間和五、六位從台灣去的學生一起到唐人街（Chinatown）吃飯。席間，聊起故鄉事，備感溫馨。其中有一位徐先生告訴謝緯，現在台灣在「戒嚴」體制之下，要到美國留學是一件不容易的事，希望他在美期間盡量學習，將來回國貢獻社會。

　　吃完飯，回到住處的謝緯，心中百感交集，於是，他寫信回家。在信中他向楊瓊英表達其矛盾與掙扎：

　　我從心底感謝上帝，使我有機會到美國進修外科，我也很想在美國待久一點，這樣可以使我學得更多。但是，我犧牲我們的家庭，自己一個人跑來這裡，是不是太自私了？唉！我一方面想待在這裡，一方面又惦記著家裡的一切，想要趕快回去。

　　處於兩難的謝緯，在苦於取捨之際，只好求救於親密愛人：「瓊英，妳替我做決定吧！」

四　陷入兩難的抉擇

　　1953 年 3 月，謝緯告訴太太說，有一家神經外科醫院同意他去那邊進修，仍在考慮要不要去。過了三個月後，謝緯離開了居住七個月的費城，又回到了紐約州，這回是到雪城（Syracuse）的一家紀念醫院（Memorial Hospital），這個城市距離費城大約三百哩。

　　謝緯在這家醫院的月薪為美元 200 元。但是，幾天之後，院方告訴他，如果要在那裡研究腦神經外科的話，至少要花五年的時間。原先他計劃在美國進修一、二年就要回國。在美國已將近兩年的謝緯，此刻又聽說要多留五年，他一時不知如何是好。於是，他詢問太太的意見。

　　在結婚之前，楊瓊英曾答應過謝緯，婚後為了專心照顧家庭、教育孩子及教會服事，可以放棄醫學。但是，萬萬沒想到在結婚六年之後，謝緯赴美進修，她必須以其醫學專業出來看診，協助夫家經營大同醫院，以維持三個家族的家計。

　　尤其當時家中孩子都小，長女慧華五歲，次女慧禎三歲，長子怜�才九個月大，尚須仔細照料，若是她只負責照顧小孩而不

在水牛城擔任住院醫師的謝緯。

須看診的話，當然可以答應謝緯繼續留在美國進修。但是，現在她一方面要看診服務病患，一方面又要照顧婆婆及三個年幼的孩子，實在是巴不得有先生一同分擔。

雖然她一直肩負著堅強的醫師、牧師娘、媳婦及母親等多種角色，扛下了醫院及家庭的重擔，然而，對於謝緯想留在美國久一點（共七年）這件事，她寫信告訴謝緯說：「不行，這樣子太久了！」她不贊成。因此，楊瓊英時常寫信給謝緯，要他趕快回來。

謝緯遵循太太的建議，放棄那五年的腦神經外科訓練，轉而專攻一般外科，並於 1953 年 6 月 26 日轉往紐約州水牛城總醫院（Buffalo General Hospital），擔任外科住院醫師一年。

五　新的挑戰與回應

這一年當中，謝緯除了研究醫學之外，他也找時間在美國的教會及救世軍（The Salvation Army）社團介紹台灣，特別是台灣在醫療方面的現況。

在繁忙、艱辛且緊張的外科訓練生活中，謝緯也感受到不少的工作壓力。但是，他告訴楊瓊英說，有個聲音告訴自己，這條路一定要走下去，最後一年的研究無論再怎麼辛苦，也要忍耐。因為這對於其所從事的醫療工作，有莫大的助益，希望得到太太的體諒與了解。

然而，謝緯也強調，家裡若有甚麼變化，他可以提早回到台灣，不一定要再待上一年。

在謝緯赴美進修的這段期間，對岸的「共匪」叫囂得很厲害，他曾寫信給呂春長說：

若台灣有什麼危機，請你立即通知，我要馬上返國，因為老母親、妻兒、兄弟姊妹和朋友都在台灣，我應該與他們共患難。

　　半年後的 1953 年 12 月中，建議謝緯赴美進修外科的孫理
蓮，親自來到美國水牛城探望他。看到兩年多沒有見面的老朋
友，他鄉遇故知的喜悅之情，溢於言表，且相談甚歡。

　　在言談之中，得知孫理蓮想要在南投縣埔里地區設一個包括
病院的基督教中心（Christian Center），費用大約要美金一萬二千
元，她問謝緯將來回台之後，有沒有意願到埔里的病院為山地人
服務？謝緯聽她的話意，已經意識到孫理蓮期待他能夠在埔里和
她同工。

　　於是，謝緯修書回台，告訴楊瓊英此事，並表示當孫理蓮在
台灣的工作需要人手幫忙的時候，他覺得自己應該能夠盡棉薄之
力來支持她。而且，若是這個計劃能夠順利進行的話，謝緯打算
半個月在埔里，半個月在南投。雖然心中已開始盤算，他還是詢
問太太的意見，尋求她的支持與協助。因為他非常在意與尊重太
太的想法和意見。

六　美元五塊錢的信心

　　隔年 1954 年 4 月 18 日，謝緯利用二個星期的休假時間，重遊舊地費城，再次遇到鮑伯‧馮雷醫師。謝緯鑒於當時台灣的肺結核病仍然很多，又沒有比較好的療養院（sanatorium），乃向鮑伯‧馮雷請教有關改善之方法等問題。他問謝緯，需要多少錢才能開始建一所療養院？謝緯回答他說，差不多美元五千元。

　　鮑伯聽完之後，即提議說：「讓我們替他們建一所醫院吧！」謝緯一聽，急忙問說：「我們到哪兒找錢？」鮑伯想了想，答說：「**我們可以從此地開始。讓我們把我們所有的都捐進去。**」兩個人湊一湊，身上的金錢只有美元五塊錢。鮑伯笑著說：「這是一個好的開始，你把它收下，然後到我連絡的教會去，把我們所看到的異象告訴他們。」

　　從美元五塊錢的信心開始，謝緯與鮑伯‧馮雷分頭設法募款，以完成謝緯回台之後，在埔里設立肺病療養院的心願。謝緯認為，肺病治療法，在沒有特效藥治療之前，隔離及療養是最要緊的事。

　　可喜的是，不多久就已經透過馮雷醫師的介紹，到各地募

款，其中在費城的一所高中募得美元 25 元，也有一位醫師答應
要捐贈一台氣胸術的機器給他。

七　揮別水牛城

　　遠在他鄉將近三年的謝緯，心中牽掛著家裡的三位稚子以及辛苦的太太，更得知家中有許多事情，需要他回去處理時，謝緯寫信告訴太太說，在美國這樣已經夠了，不久即可回台團聚。

　　當謝緯在美國三年的胸腔外科進修進入尾聲時，醫院當局曾要他繼續留在該院服務，他毫不猶豫的謝絕該院院長說：「**我是準備學成之後，要返國為我自己的國家服務，並不是想在這裡享福的。**」

　　在水牛城生活了一年的謝緯，除了醫院同事之外，他也結識了許多美國和台灣的朋友。在得知謝緯即將離開之際，醫院和這些朋友們陸續為他舉行數場惜別會。1954年7月1日上午，謝緯在臨別之前，特地去和水牛城總醫院的院長告別，院長對他說：「你

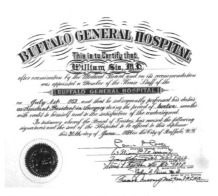

水牛城總醫院頒給謝緯（ William Sia M.D. ）的住院醫師訓練合格證書。

謝緯（後排右一）與水牛城總醫院同事合影。

做得很好，回到台灣之後，記得要寫信給我。」

　　就這樣，謝緯離開了令他懷念不已的紐約州，由友人開車載往車站。他搭上開往賓州費城的灰狗巴士（greyhound），先到那裡去找老友馮雷醫師。在一個基督徒的「退修會」場合，馮雷醫師特別上台介紹從台灣來的謝緯，並說明他來美國的目的，以及回台灣之後所要進行的醫療計畫等，當天共募得美元 350 元。之後，又在費城的另一個教會募款，得美元 30 多元。

　　在費城辦好回國手續後，他告別馮雷醫師。7 月 14 日謝緯回到水牛城，在一個祈禱會中募款。接著，謝緯又風塵僕僕地趕往印第安納州（Indiana）募款，再從該州的安德森市（Anderson）出發，搭火車前往美國西部，於 7 月 17 日抵達舊金山，當晚即在灣區的奧克蘭（Auckland）舉行募款說明會。

八　舊金山募款

　　7月24日這一天，謝
緯又現身奧克蘭，這次是參
加「柏克萊第一長老教會[1]」
(First Presbyterian Church of
Berkeley)的禱告會，他在
會中講述台灣現今的醫療狀
況，以及他預計在返台之後
的宣教工作與醫療理想。

柏克萊第一長老教會。

　　謝緯在會中提到：「我們需要護理人員。」此時，台下有一
位具護理背景的婦人，受到謝緯之精神感召，更深信這是神對
她的呼召：「上帝利用謝緯的話，開我的心門，來應付台灣的需
要。」

　　因此，她當場就奉獻了美元 325 元，以紀念她已逝世的丈
夫。這位婦人就是比謝緯年長二歲的瑪喜樂太太（Mrs. Joyce

1　地址：2407 Dana Street, Berkeley, CA 94704 U.S.A.

Meredith McMillan）。

　　在舊金山地區一個多月，謝緯依舊為了籌募回台之後的「建院基金」而四處奔波，星期天也在當地的華人教會講道。在他回台之前，已募得美元一千多元。

　　雖然距離目標五千元尚有一段距離，但是，對於那些捐款人，包括小孩子、教師、老牧師、家庭主婦等的金錢奉獻，謝緯心存感謝，也因此更加深他的責任感，心裡思索著自己該如何善用這些的金錢，來報答他們的愛心。

謝緯（右）與妻舅楊東傑（左）合影。

九 再會美國

原本有意在完成美國進修之後，到以色列聖地一遊的謝緯，取消此計畫，收拾行囊，8 月初帶著依依離情，揮別「陽光之州」，踏上歸途。前後三年在美國進修的生涯，到此暫告一段落。擺在眼前的，是他滿懷的熱情，無限的希望。

燦爛的笑容，訴說著等待歸鄉的喜悅。

8 月 20 日，輪船緩緩駛進久違的日本橫濱港，謝緯在東京小住幾天。他利用這個機會去探望睽違已久的親戚，拜訪以前東京醫專的同學以及其他教會友人，也特地去仙台關心么弟再生。

8 月 31 日上午，當飛機 [2] 降落在台北松山國際機場時，夏日炎熱的陽光，灑在年近四十的中年謝緯身上。黃昏時刻，回到故鄉南投，與思念已久的家人團聚，也開始展開他的醫療宣教事業——從山地到海邊，從清晨到深夜，甚至，從此刻直到他的最後一口氣。

---

2 當時謝緯所搭的飛機，從東京到台北之票價為美元 96 元。

1 滿懷信心與希望，揮別美利堅合眾國。遙望著太平洋彼
　端，那兒有我美麗的家園，心愛的家人，更有我許多的
　理想等待實現。背包不會太重，肩帶是甜蜜的負擔。

2 美國友人特地來送行。

3 離鄉三年的謝緯（右二），從美國搭船至日本，再從日
　本搭飛機抵台北松山機場。見到前來接機的孫理蓮（左
　一）以彈奏手風琴迎接，以及日夜思念的牽手楊瓊
　英（右四）喜出望外的神情，他喜上眉梢，卻也有點不
　好意思地摸著額頭，說：我回來了。

1 | 2

3

第七部 —— 埔里的山林呼喚

謝緯（後排中）參加埔基護校加冠禮。（1964 年 3 月 20 日）

一　中寮佈道所

　　1954 年甫從美國進修回台的謝緯，剛學得新的醫學技術，炙手可熱，這時成為多方注意之人才，尤其是他身兼醫師與牧師兩種專業角色，在當時的台灣社會，可謂鳳毛麟角。根據謝緯的小學同學，在南投開業的葉國慶醫師轉述，當時台北馬偕紀念醫院曾內定謝緯為該院院長，謝緯予以婉拒，隨即全心投入醫療宣教的事業當中。

　　除了在南投大同醫院看診之外，具有「拓荒者」精神，又勇於接受挑戰的謝緯，開始參與諸多醫療與宣教事業的推展。包括 1955 年協助開拓中寮佈道所、籌畫與興建埔里基督教肺病療養院、埔里基督教山地醫院、1960 年開始到北門免費診所義診，成為第一位為烏腳病患開刀的外科醫師、1964 年創辦二林基督教醫院等，在山城埔里、台南北門以及彰化二林各處留下他的佳美足跡。

　　1865 年，英國長老教會的馬雅各醫師來台宣教，台灣基督長老教會為了紀念此頗具意義的宣教歷史，南部大會於 1954 年通過設教百週年紀念「教會倍加運動」（簡稱 P.K.U.）案，建議

與謝緯生命與共的地方。

全教會應把握時機，傾全力傳道並開拓教會，以期教會、信徒之倍增，作為十年後之設教百週年紀念大典之奉獻禮物。

南投教會於 1909 年設立，經過四、五十年之後，其教勢擴及鄰近鄉鎮，中寮鄉也有不少會友。值此 PKU 之際，時任南投教會副牧師的謝緯及弟弟謝綸因而響應之，與吳天賜牧師一起開拓中寮教會。

1954 年 10 月中，謝緯即與吳坤淵、陳梓和專程至中寮鄉租一間店鋪，作為臨時佈道所。並於 1955 年 1 月 18 日聘台中中會巡迴牧師呂春長做一連 5 天的開拓佈道會，這成為南投教會分設「中寮佈道所」之肇始，這是台中中會於倍加運動中成立的第一間教會，同時也在全總會新設教會中排名第二。

　　在臨時佈道所聚會一段時間之後，1956 年 3 月由黃麗川（縣警局長）、陳國亮（縣府民政局指導員）和吳天賜牧師以新台幣 21,800 元向南投糖廠洽購土地四百坪，作為中寮教會建築用地。同年 7 月開始興建禮拜堂，工程費用二萬元。

　　以「竹管仔」興建的教堂於 1956 年 12 月 27 日舉行獻堂感恩禮拜。除了謝緯前往義務講道之外，南投教會的謝綸長老與李慶耀長老及陳梓和執事等人亦前往協助教會事務。長期作為南投教會支會的中寮佈道所，於 2006 年 1 月 17 日升格為獨立堂會。

謝緯（前排左五）與中寮教會受洗的信徒合影。前排右二為南投教會陳梓和；右四為張溫柔。（1960 年）

　　教會創設之初，原討論在南投縣中興、中寮、名間，這三個地區選擇一適當地方設立教會，而謝緯一開始就認為地點必須設在中寮。中寮鄉，舊稱鄉親寮，位於距離南投鎮約有十公里的偏遠山區，當地的會友前往南投教會做禮拜，路途遙遠，又交通不便。星期日信徒從中寮山區步行到南投教會禮拜，往往單程就要兩小時以上。謝緯十分體諒信徒路途之遙遠與辛勞，禮拜天中午都會留他們在大同醫院共進午餐。

　　謝緯除了協助成立中寮教會之外，他也長期前往義務傳道，並參加週間的聚會。當時南投與中寮間，晚上並沒有公車往返，位於山區的中寮鄉，與外聯絡只靠一條未鋪柏油的石子路，屬羊腸小道的這條產業道路，蜿蜒而上，多處上下坡，而且坡度很大。

　　謝緯常常為了參加星期五晚上在信徒家中舉行的家庭禮拜，自己從南投騎腳踏車到中寮。聚會完後，謝緯一一垂詢信徒生活狀況，談笑風生，狀甚和藹，大家盡歡而散。之後，雖然信徒一再挽留他在那兒過夜，但是為了隔天還有許多事情要做而不願延誤，他在星夜裡，獨自騎腳踏車上路，大約一個鐘頭之後，才回到南投。

二 山林的呼喚

　　1953 年 12 月，孫理蓮曾親自去到美國水牛城探望謝緯，並邀請他回台之後能夠一起在埔里地區建設醫院，為原住民服務。

　　除了以醫生的角度關心台灣當時眾多的肺結核病患外，也因他的大哥長期患有肺結核病，使謝緯感受到病患和家屬的痛苦，促使他積極設立療養院的行動。

　　因此，謝緯自美國回來之後，即著手進行療養院的興建，同時也和孫理蓮一起創辦基督教山地中心診所。

年一十六國民華中　　年一十六國民華中　　年一十六國民華中　　年一十六國民華中

1952 年 8 月 4 日成立的「台灣省防癆協會」為了籌措醫療經費，於 1954 年起發行防癆慈善紀念郵票，委託全省各地郵局及學校代為普遍銷售。

✦ 第一家私立肺病療養院

　　埔里鎮，位於南投縣北方，居台灣地理中心位置。1955 年時的人口為五萬多人，在全縣十三鄉鎮當中，埔里鎮為人口最稠密之區。其中原住民人口約佔全縣人口數 4%。台灣早期，肺結核病（肺癆）甚為猖獗，山地的感染死亡率較平地高出兩倍之多，當時政府百廢待興，無暇顧及山地問題。

　　1955 年的早春，在成立了「中寮佈道所」之後，謝緯即開始籌建肺病療養院。依當時參與籌備工作的李慶耀說，原本籌備小組計畫將療養院設在南投鎮三塊厝的「園仔」，因為在那裡有謝綸的現有土地以及房屋可供使用。

　　但是，在與孫理蓮討論之後，孫理蓮認為療養院應該設於埔里山區較為適宜。於是，謝緯 4 月即邀請南投教會李慶耀及陳梓和共同到埔里，到處打聽詢問，覓地興建。當時的埔里教會牧師羅文福，兼任埔里鎮鎮民代表會主席，謝緯去拜訪他，並說明其興建療養院的計畫。

　　經過羅文福積極地穿針引線，興建的地點才有了著落，就在埔里近郊，鬧中取靜，屬於公有土地的鯉魚潭

孫雅各牧師（左）與夫人孫理蓮宣教師（右）。

畔。於是，籌備小組向埔里鎮公所協商之後，鎮公所同意免費提供土地使用，並約定該筆面積為二甲五分多的土地，僅限定作為興建醫療院之用。

　　接著辦理相關手續。本欲將土地所有權登記在孫理蓮名下，但因其為外國人身分，於法不符。為了取得使用權，謝緯乃將戶籍遷至埔里鎮，由他登記為土地所有人，而該土地之地上物（杉樹苗）則由謝緯、李慶耀及陳梓和三人共同負擔，各付五千元。5月中簽約完成之後，籌備小組即立刻在這塊土地上進行規劃。

　　該療養院的建設工程，包括藍圖設計、房舍建造以及監工委由謝緯的舅舅吳可免負責。經過了8個月後，謝緯期待已久的「基督教肺病療養院」興建完成，於1956年1月26日開幕。

　　這是台灣第一家屬於私人的肺病療養院（後稱大湳山地療養院），大部分收容治療原住民患者。位於湖畔的這家療養院，處於幽靜山林之中，除了有幾間磚造的小病房之外，還有一間廚房、一座小教堂及幾條步道，是療養的好處所。[1]

✦ 續建第二家肺病療養院

　　不久，孫理蓮在埔里鎮內興建之「基督教山地中心診所」，來看診的病人包括平地人和山地人。但是原住民患者越來越多，

1　在抗結核藥物，如鏈黴素（streptomycin）等抗生素藥物問世之前，療養院是處理病患的主要方式。因此，在景色優美之地點療養或呼吸新鮮空氣，均有助於結核病之改善。

該中心診所不敷使用，為了擴大服務原住民，孫理蓮向謝緯借用
位於鎮郊鯉魚潭畔，剛興建完成的肺病療養院，來給原住民患者
使用，直到不需要為止。

　　為此，謝緯只好在距離肺病療養院不遠處，另外自己出錢再
買八分地興建另一間肺病療養院。1957 年 8 月 2 日，「埔里基督
教療養院門診部」在鎮上中正路成立，1960 年 7 月 3 日「埔里基
督教療養院」（俗稱大湳平地療養院）才正式落成啟用。當時有
潘啟揚、蔡坤飛和陳少聘夫婦等醫護人員和謝緯一起工作，並邀
請曾在日本的療養院服務過一段時間，比較有經驗的黃珠心醫師
駐院負責醫療。

　　當時的病人前來就診及住院費用，四分之一付全額；四分之
一付半額；另外二分之一則完全免費（由美方支付）。在經營肺

左：埔里基督教療養院。
右：埔里基督教療養院門診部成立。前排三為
　　謝緯。（1957 年 8 月 2 日）

俗稱大湳平地療養院的埔里基督教療養院開幕。（1960 年 7 月 3 日）

病療養院方面，除了大部分是謝緯自己出錢（大同醫院之收入）之外，也得到其他美國友人，包括鮑伯‧馮雷醫師的幫助。其中，美國國際學生協會（International Students Inc. 簡稱 ISI）的大力支持，是平地療養院最重要的經費來源。他們資助建設療養病房，並購買醫療器材，像 X 光機、手術台等。

　　至於 ISI 遠從美國長期募款寄到台灣資助埔里基督教肺病療養院一事，在美國亦有人對 ISI 提出質疑說：「你們認為當地的基督徒可以接管及領導該處機構嗎？當地的基督徒工作人員能勝任該項資金的運作嗎？」

　　ISI 則以實際例子證明台灣的基督徒有這項管理與運用資金的能力。ISI 說，謝緯在美國完成外科進修之後，回到台灣透過

外國友人來訪。左起：謝緯；鮑伯‧馮雷、瑪喜樂。

ISI 的資金，於 1956 年 1 月設立了一間有一百床的肺結核療養院（大湳山地）。為了興建第二家療養院（大湳平地），謝緯又開始積極對外募款。[2]

1957 年，ISI 再為第二間療養院的建築發動募款，謝緯收到這些奉獻時，即著手興建。當療養院開始營運時，謝緯和工作人員都定期將財務報表寄給 ISI，他們每分錢都記得很詳細，清楚地列舉資金運用及花費項目。ISI 又說，在國外宣教的的財務管理上，美國教會尚不如埔里的這些基督徒們，因為謝緯等人不但可以獨立運作，而且工作做得很好，尚且在資金的運用上，還比其他接受美國援助的國家更節省。

1964 年聖誕節過後，謝緯寫了一封信給鮑伯‧馮雷，信中除了感謝他 12 月初寄來的美金 200 元支票之外，自己隔年將前往日本進修最新的胸腔外科手術，[3] 擔心這數月期間不在國內時的醫院經費，若能每個月得到美元 200 元的話，療養院才能夠順利經營。

1965 年的聖誕節，謝緯寫了一封信給美國友人，報告肺病

---

2 同年 12 月薄柔纜醫師寄給謝緯一封信，內附 600 美元。
3 1965 年 4 月 8 日至 7 月 28 日。

療養院的情形。信中說，現在肺結核療養院已較為人知，因此許多病人相偕前來，男、女病房都已住滿，他打算向教會和朋友募款，以增建病房。若美國方面願意共同分擔建築經費的話，謝緯將感激不盡。他在其他的信件中，也表明希望療養院能夠有自立的一天，但因為當時的肺結核病人甚多，恐怕還須與之搏鬥多年。

　　之後，他便陸續收到美國友人的捐款，1968 年 5 月中，在平地療養院新建護士及員工宿舍，禮拜堂也興建完成。謝緯發現有許多患者在療養院聚集賭博，讓他很頭痛，覺得在那裡療養的病人應該有個精神寄託，遂於 1969 年 8 月 18 日聘紀明申牧師擔任「院牧」，負責病人靈性方面的指導以及院務行政等工作。

✦ 捐出療養院

　　1970 年謝緯去世之後，肺病療養院不久更名為「加利利山莊」，繼續由謝綸與黃珠心經營。原基督教肺病療養院門診部於 1975 年改名為「謝緯紀念診所」，於 1986 年結束營業。

　　隨著醫療技術的進步以及公共衛生的改善，肺結核病人越來越少，位於鯉魚潭的基督教肺病療養院也在 1980 年結束服務。經過謝綸與謝緯夫人楊瓊英及家族商議之後，於 1982 年將「大湳山地肺病療養院」及「大湳平地肺病療養院」二處都捐獻給台灣基督長老教會總會。

　　總會陸續將「大湳山地肺病療養院」改建成立「謝緯紀念

謝緯紀念青年營地中擺放的巨石上，雕刻著謝緯的名言。

青年營地[4]，「大湳平地肺病療養院」則改為「謝緯紀念松年營地」。

◆ 基督教山地中心診所

1955 年，在謝緯興建肺病療養院的同時，也一起和孫理蓮在埔里鎮中山路興建「基督教山地中心診所[5]」。該診所於同年 10

---

4 謝緯擔任總會議長時，原計畫要在關仔嶺蓋青年營地，並於 1969 年 11 月 18 日「關仔嶺青年營地大禮堂」奠基禮拜中證道。後因捐地者的土地產權發生問題而無法順利興建。1980 年左右，張立夫牧師和時為總會青年幹事陳南州牧師，一同前往拜訪謝緯長老，商討在鯉魚潭肺病療養院原址改建青年營地事宜。謝緯向二嫂楊瓊英醫師報告事情原委之後，楊瓊英同意將二處療養院奉獻給總會。

5 埔里基督教醫院之演變時程：基督教山地中心診所（1955 中山路）→基督教山地醫院門診部（1960 愛蘭）→ 埔里基督教山地醫院（1962）→ 埔里基督教醫院（1963）→財團法人埔里基督教醫院（1985）。

基督教山地中心診所。

月建設完成，1956 年 1 月 16 日舉行開幕典禮，盧昆山為第一位主治醫師，黃玉端為首位護士，謝緯受邀義務兼任第一任院長。

　　該診所從一間竹房子開始工作，接著建了幾間竹房子收容患者。初期醫護人員缺乏，編制上僅有兩名護士和一名藥局生，後來陸續有醫師潘啟揚、檢驗師陳欽耀、放射線師蔡坤輝、護士謝蜂柑與護理師徐賓諾（Bjarne Gislefoss, 1923-2022）及賴誼照、陳少聘等人加入服務行列。

　　該中心診所在開始免費醫治原住民之初，這些原住民長途跋涉，翻山越嶺到達診所，看診後要回家的路依舊是遙遠。當時交通不便，很難一天往返，所以醫院不僅免費醫療，且供食宿。當患者一人住院時，全家一起來照顧，這時候，醫院也免費供應全家伙食。

　　還有一種「權宜入院」的情形，就是雖然病人不需要住院，但需要服一段時間的藥，因往返路途耗時，就在醫院住下來，等病情好轉之後再回家。全台原住民因而「慕名」前來者很多，甚至遠從苗栗、屏東及花蓮，「特地」到埔里來看病。

　　因為患者日益增多，診所空間不足，為了擴大醫療服務，謝

緯乃於 1956 年 8 月，以象徵性的新台幣一元向愛蘭教會租用土
地，在愛蘭台地上（鐵山路現址）興建十間竹管子病房及一間護
理室。1957 年世界展望會（World Vision Inc.）[6] 會長鮑伯‧皮爾
斯博士到埔里關心基督教山地醫療狀況。9 月 2 日謝緯陪同孫理
蓮接待他到愛蘭台地中心診所參觀。鮑伯‧皮爾斯看完之後，當
場簽下一張金額空白的支票，交給孫理蓮處理。[7]

　　由世界展望會資助、在愛蘭崎頂興建新的基督教山地醫院，
1960 年 8 月 1 日「基督教山地醫院門診部」先行完工，於是，在
鎮內的基督教山地中心診所遷移至該處。世界展望會大力支助山
地醫院的經營，從 1957 年到 1961 年，病人一切的醫療費用以及
吃、穿、住都一律免費，經費及物品全由世界展望會向國外的基
督徒募款，幫助了許多窮困的家庭，也醫治了許多病患。

　　1962 年 6 月 24 日，「埔里基督教山地醫院」正式落成啟用
之後，8 月 6 日，芥菜種會將基督教山地中心診所的土地和建築
物賣出。1963 年 4 月 20 日，埔里基督教山地醫院正式向南投縣
衛生局登記為「埔里基督教醫院」。1964 年 1 月 9 日「台灣世界
展望會」正式接管埔基。

　　為了讓埔里基督教山地醫院有新的風貌，1964 年 10 月 12

---

6 1950 年由鮑伯‧皮爾斯博士（Bob Pierce, 1914-1978）在美國成立的救濟團體。1964 年設
　立台灣世界展望會，透過海外人士的愛心捐助，關懷育幼院、兒童之家、痲瘋病院、
　山地醫療診所等服務工作。
7 當時台灣世界展望會尚未成立，暫時以孫理蓮的芥菜種會為對外窗口，處理美國世
　界展望會在台業務。

日，世界展望會開始進行埔基成長十年計畫，除了每月的捐款逐漸減少之外，在經營策略上也做了極大的改變：(1) 停止免費供應伙食；(2) 收取掛號費二元；(3) 開始為平地人、外省人看診。

謝緯在當天的日記上有些感慨地寫著，他來到埔里從事醫療事奉的初衷，是為了那些原住民，因為他覺得若是要醫治外省人或平地人，就不用來到交通如此不便的埔里了。因此，除非是急診，他還是堅持要醫治原住民。

由於工作過於繁忙，及考慮健康因素，謝緯於 1970 年 2 月請辭兼任埔基院長之職務，但依然看診。

✦ 有價值的雙手

自 1955 年 10 月起，謝緯就開始從南投鎮到埔里鎮為原住民義診。由於中心診所及肺病療養院的病患日益增多，為此需要，孫理蓮購置一部紅色美軍吉普車「給醫院使用」，也聘請一位司機（張輝坤）。此吉普車除了醫院載送物資之外，也搬運過世的病患遺體，前往墳場安葬。

買車的這一天，剛好是謝緯 41 歲生日的 1957 年 3 月 2 日。孫理蓮曾說：「**謝緯的手太有價值了！**」言下之意，謝緯的手，是用來為患者「開刀」，而不是用來「開車」的。

從此，忙碌的謝緯，為了患者的需要，馬不停蹄地藉由這部「埔基紅車」，奔波於南投與埔里兩地之間。他一方面為病人開

陪伴著謝緯穿梭於埔里山地醫療的埔基「紅車」，於 1975 年功
成身退。

刀，另一方面又要為埔基護校的學生上課；有時參加會議，晚上
也常去為那些不便到院就醫的病人住處「往診」。

　　1964 年 3 月 4 日的日記上寫著，他上午在埔里上課二小
時，中午與司機在鎮上小吃攤用餐，然後到鯉魚潭療養院看診，
下午二點為病人開刀。手術完後，外出往診。

　　晚上八點廿分在愛蘭教會開會，晚上九點半始起程回家，十
點五十分抵達南投。已經打烊的大同醫院有人按電鈴，他看了一
回門診，接著又一回往診。

　　謝緯每次要為病人進行手術時，一定都會先禱告，再由工
作人員拿著火把照射，以補燈光之不足。3 月 9 日這一天，謝緯
在埔里為病人手術甲狀腺。在手術中，不知道是綁的線鬆掉或其

他問題，病人的血一直噴出來，他趕緊重新處理傷口，才將血止住，結束後終於能回家休息。

　　但是，到了晚上十點半，埔里的護士打電話給已經在家裡的謝緯，說病人有狀況，他立刻從南投趕往埔里去處置。當晚再回到南投時，已經凌晨快二點。

✦ 尊重生命的護校老師

　　原住民病患擠滿了山地中心診所，各族語言不通，又加上醫療照護人員也嚴重缺乏，許多患者找不到足夠的護士照顧。在這種情形之下，謝緯與孫理蓮商量之後，決定開辦護士訓練班，招收初中畢業之原住民少女，授課兩年，除了提供教育機會之外，主要是為了栽培護理專業人才，並藉以解決因語言、風俗及生活習慣不同而產生的溝通問題。

　　於是，該中心診所於1958年2月，在埔里基督長老教會設立了「埔里基督教山地護理訓練班」，後來改稱「埔里基督教醫院附設護理學校」（簡稱「埔基護校」），並且聘請盧坤山醫師、潘啟揚醫師和謝緯一起擔任該校講師。

　　謝緯到埔里除了在肺病療養院及山地醫院門診部為患者看病、開刀之

在埔基護校任教的謝緯。

左：謝緯（圖中）與埔基護校學生合影。
右：謝緯（後排中）參加埔基護校加冠禮。（1964 年 3 月 20 日）

外，當埔基護校成立之後，他即教授傳染病學、精神醫學、復健
矯正學、細菌學、生理解剖學、寄生蟲學及藥物學。

　　謝緯上課時，在黑板上使勁地寫、畫，很賣力地授課，不太
在意學生是否專注學習，一股傻勁地傾囊相授。他操著生澀的國
語，參雜著日語，以及日本腔英語教授醫藥專業用詞，常使得這
些習慣於山地腔國語的學生，聽得「霧煞煞」，但是他還是不氣
餒、不厭其煩地講到下課鈴響，然後又忙著去看診。

　　埔基護校的課程為期二年，畢業的學生就留在醫院當護士，
或派至大湳肺病療養院服務。謝緯除了在課堂上講授醫學課程之
外，也常以實務教導學生如何處理急救的病人，包紮傷口以及打
針。在開刀房為患者施行手術時，謝緯為在場協助的五、六位護
士解釋各種手術器材的用途。

　　埔基護校第一屆畢業生的史惠貞，曾擔任過謝緯開刀時的助手。她說，有一次當她跟謝緯「上刀」時，曾和另一位護士偷偷地聊天，又扮鬼臉，學謝緯開刀的神情與動作，結果不小心拿錯開刀用的剪刀。謝緯馬上將不對的手術刀扔在地上，另一位護士立刻遞上正確的剪刀給他。

　　等開完了刀，謝緯叫她們進他的辦公室說：

　　病人在我們的手中，任何一個動作都不容錯誤的……這事輕慢不得。一旦進了開刀房，病人寶貴的生命就掌握在我們的手裡，即使在開刀的過程我有疏忽的地方，你們護理人員也有責任提醒醫生，因為，我們的工作都同樣重要。

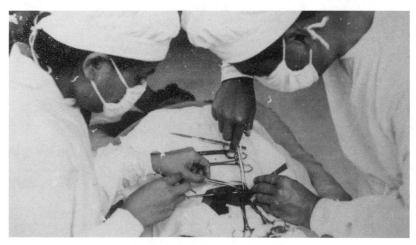

謝緯（右）說：「病人寶貴的生命就掌握在我們的手裡。」

小教堂獻堂

埔里基督教山地醫院獻院典禮
AD. 1962 6 24

1 謝緯（二排右五）參加埔基小教堂落成典禮。（1961 年）

2 謝緯（二排左五）參加「埔里基督教山地醫院」獻院典禮。（1962 年
6 月 24 日）

1
―
2

謝緯（後排左一）及徐賓諾（後排右一）
與埔基護校合影。謝緯（左四）與埔基
護校學生合影。（1962 年）

孫理蓮（左二）與埔基護校學生一起野餐。左一為林娟娟。（1961 年）

　　這是謝緯尊重生命的態度。

　　護校的學生來自台東、花蓮、宜蘭、台北、桃園、新竹、苗
栗、台中、南投、嘉義、高雄及屏東各地，包括泰雅爾族、太魯
閣族、賽夏族、布農族、鄒族（當年稱曹族）、阿美族、排灣族、
魯凱族、卑南族及客家、閩南人共一百七十二人（一百七十名女
性、兩名男性）。

　　該校因地處偏遠，師資及設備不足，於 1973 年欲申請立案
受阻而停辦。總計該校在十五年當中，辦了十二屆，共有一百五
十一名護士畢業。

第八部——

烏腳病情緣

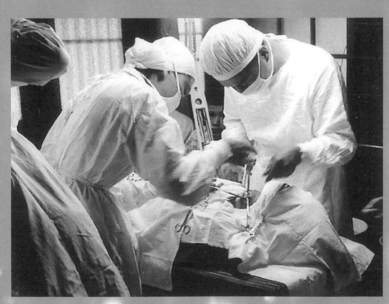

謝緯（右）在免費診所為病患進行手術時，專注的神情。

一　鹽鄉怪病

　　時序進入 1960 年，謝緯在埔里山區興建了肺病療養院，並擔任基督教山地醫院院長，且在埔基護校任教，還得兼顧南投大同醫院的業務，有時也應邀在禮拜天講道或開會。

　　已經非常忙碌的他，此刻又接受了一項特別的任務與挑戰，就是謝緯將其醫療觸角延伸至海邊，以他那非常有價值的雙手，在台南縣北門鄉為貧苦無助、痛苦無依的烏腳病患者進行截肢手術。因此嘉惠了上千名患者，再次為台灣醫療史寫下光輝的一頁。

　　台灣早在日治時代 1906 年即發現「烏腳病[1]」（black foot disease），但是案例不多。到了五〇年代始大為流行，其中又以嘉南沿海一帶的布袋、義竹（嘉義縣）、北門、學甲（台南縣）四個鄉鎮為重，嚴重威脅當地居民。

　　1953 年，光八掌溪[2]下游一帶的烏腳病患者就有 533 人，全

1　學名為 *spontaneous gangrene*（特發性脫疽症）。早期有人稱烏腳病為「烏乾蛇」、「飛蛇」和「臭腳筒」（台語）。
2　台南縣與嘉義縣的界河。

六〇年代之烏腳病患。

台各地也有不少案例，但不被重視。1956 年台南縣安定鄉復榮村
居民發生此怪病，當時全村 553 人中，有 490 人出現皮膚色素沉
著過多並且呈現角化現象，比例達九成以上。

　　此事件經新聞報導後，省衛生處以遷村為對策，把整個村子
搬到距離復榮村大約二至三公里外，另外建立一個新村，命名為
大同村。這時候，才引起醫界及學者極度的重視和關切，紛紛挺
身而出。如台大醫學院葉曙教授、陳拱北教授、曾文賓教授、連
倚南教授等，積極投入研究行列，發掘病源，規劃防治措施。

　　為了防止疫情擴散，建議政府設法進行具體有效的改善，
醫療行動如火如荼地展開，不遺餘力。除了早期「舊流行區」之
外，陳拱北調查烏腳病的流行情況之後，發現又有了新的流行
區，如台南縣的鹽水鎮、新營市、安定鄉及其他西南沿海鄉鎮亦

發現有烏腳病患，因此，將烏腳病流行區分為三級，並據此擬定防治策略。這些流行地區之飲水在過去皆用深井水，直到 1978 年全面改成自來水後，烏腳病疫情才逐漸獲得有效控制。

　　台南縣北門鄉，面積約六十六平方公里，共分十三村，是南瀛大地靠海的一個小聚落。1920 年以前，此地一直被稱為「北門嶼」，至 1945 年始改為今名，且與將軍、七股合稱台南縣「濱海三鄉」，同屬於魚、鹽之區。該區土地鹽分甚高，水源有限，而且淺水井因為水質過鹹，不適合人畜飲用。

　　因此，為了汲取更適合飲用的水源，居民引進挖掘深井（又稱地河井）的方法。他們以粗徑的竹節管連接打入地下，當深度達一百至兩百公尺時，即可汲取低鹽分的深層井水飲用。越接近沿海地區，挖掘這種深井的村里也越多。

　　至於烏腳病的症狀，據患者描述，病發時猶如老鼠在嚙（啃）腳，外傷或寒冷時，腳趾頭或手指會變黑、潰爛、發炎。在壞疽而自然脫落的同時，除了患部產生劇痛之外，也會發出一陣陣的臭味，家人都不敢靠近，甚至有人把患者丟在家中，而遠走他鄉一去不返。

　　患者多因生活無人照顧，而有輕生的念頭，甚至真的步上自殺之路，像這種案例實在很多。病情萬一惡化，手腳的組織即全部壞死，唯一治療的方法，就是手術截除患部。

二 開啟憐憫之門

　　與謝緯同年出生的王金河（1916-2016），1941 年畢業於東京醫學專門學校，是謝緯的學長，在日本念東京醫專時，彼此不認識。而當他們各自回到台灣將近二十年後，才因一同幫助烏腳病患而在一起。1944 年，王金河回到窮鄉僻壤的故鄉北門開設「金河診所」，他是一位基督徒醫生，也是北門鄉當地唯一的醫生。

　　1960 年 3 月 27 日，日本神學大學教授法蘭克林博士（Dr. Franklin）由台南神學院吳振坤教授陪同，來到北門關心烏腳病患者。王金河向法蘭克林報告烏腳病患的痛苦以及乏人關心與照顧的情形。

　　當天，王金河帶法蘭克林去看一位名叫王營的患者，他是個瞎子，又當過乞丐。當時他蓋著一條破爛的棉被，躺在家中臭氣沖天的大廳裡。王金河掀開王營的棉被，發現有幾百隻的蛆正在啃噬他那已經潰爛的腳趾和小腿，王營不斷地呻吟著。

　　目睹這一場景的法蘭克林，離開王營的住處就問王金河，對於這種疾病，政府是不是有甚麼機構在照顧？而（北門嶼）教會本身對烏腳病患是不是有甚麼措施？王金河答以當時政府有委託

台灣大學在做研究，台大醫院提供六床免費病床來醫治烏腳病；至於北門嶼教會，因為是去年 9 月才成立的，尚屬起步階段，所以對於烏腳病患也還沒有開始關懷。

　　法蘭克林聽完，嘆了口氣，說：「台灣的教會好像都還在睡覺。若是主耶穌這時來到台灣的話，祂一定會先來這裡看顧、安慰這些烏腳病患的。」

　　實地了解狀況的法蘭克林，回去之後即立刻寫了一份報告書，述說他親睹烏腳病患時的心中感觸，以及他對於這種怪病蔓延當地的處理建議，並將這份文件分別寄給他認識的朋友和各慈善機構，將這則消息傳播開來，以尋求奧援。

　　在台灣各地已經從事社會慈善事業多年的孫理蓮，聞訊之後，於 4 月 7 日立即與台灣大學醫學院教授董大成、張凱賢等人前往北門關心，這是王金河第一次見到孫理蓮。

　　王金河帶著孫理蓮一行人到烏腳病患的家中探訪，深入了解病患的症狀以及生活狀況之後，孫理蓮對王金河說：「你是基督徒，也是醫生，你認定有需要住院治療的烏腳病患，我都要收容，將這些病患送到大醫院醫治、手術、裝義肢。等復建之後，再把他送回來，一切都是免費的。」

　　王金河心想，天底下哪有這麼好的事？雖然跟孫理蓮道過謝，但他並沒把這件事情放在心上。然而，一星期之後，就如孫理蓮所言，她將烏腳病患者王營、王品、洪水龍及洪掌四人，送往屏東基督教醫院治療。

　　然而，這種當患者病情惡化需要住院治療時，就得往南到屏東醫治，或北送彰化基督教醫院就診的做法，非但路途遙遠，患者又可能會因延誤就醫而喪命。因此，孫理蓮心中產生了質疑，如何進一步幫助烏腳病患的念頭，油然而生。在王金河將烏腳病疫情向外界披露之後，烏腳病患者的醫治，終於浮現一道希望的曙光。

　　孫理蓮這段期間除了常去北門探訪患者之外，有一回還特地找了謝緯一起前往鹽鄉。當謝緯來到台南海邊的一些村莊時，不禁大為震驚。那些病患痛苦萬分，神情難耐，他們向謝緯哀號，並要求鋸掉他們的肢體，以解除痛苦。

　　謝緯看到這種情形，立即答應了孫理蓮的邀請，決定要到當地義診。孫理蓮同時也對王金河說，她覺得當地的人很貧窮，無力就醫，想先在那邊設立一個簡單的診所，免費幫他們看病，要把這些人的病治好。

　　於是，在孫理蓮的邀請下，謝緯和王金河都加入了烏腳病的醫治團隊，並於 1960 年 5 月 23 日正式成立「北門憐憫之門免費診所」，簡稱為「免費診所」或俗稱「烏腳病院」，開始進行包括烏腳病以及沙眼等的醫療服務。

　　院務的安排方面，孫理蓮出資經營（包括經費、診所擴充、設備、載送病患的計程車費……等）；王金河出任該免費診所「門診部」與「住院部」的主治醫師；謝緯則擔任「手術部」的外科醫師，義務為患者開刀，並捐贈醫療材料。

　　因為興建診所需要一些時間，所以開辦之初，先借「金河診

醫治烏腳病的鐵三角

　　1960 年美國宣教師孫理蓮為了救助烏腳病患，在台南縣北門鄉購地，設立「北門憐憫之門免費診所」（Pak-Mn̂g Mercy's Door Free Clinic），免費醫治及照顧病患。

　　基督教芥菜種會的創辦人孫理蓮負責募款；北門鄉當地醫師王金河在免費診所看診以及照料病患；南投鎮的謝緯醫師義務為患者開刀。基於人道關懷，一位美國人與二位台灣本土醫師在偏遠的濱海地區從事醫療慈善事業。

　　這三人被稱為醫治烏腳病的「鐵三角」。其中謝緯與王金河兩位醫師曾分別獲得立法院「厚生基金會」的第二屆（1992）及第七屆（1997）「醫療奉獻獎」。

五〇年代烏腳病流行最嚴重的四鄉鎮。

所」的部分候診室使用。所以,在王金河的診所門口同時掛著兩個牌子,即「金河診所」與「北門免費診所」。王金河早上看自己的門診,下午看免費診所的病人。據王金河的回憶,第一天免費診所開張,就湧進了二百多名病患,最主要是來治療砂眼的小朋友。

免費診所開辦之後,因當時並未建設病房,而患者卻愈來愈多,使得原來設於金河診所內的空間不敷使用,遂計畫籌建病房。於是,芥菜種會就先租下了金河診所隔壁的房子,並設有六張病床,繼續營運。

來到免費診所看病,除了免掛號費之外,包括診療、藥物、開刀,甚至住院,都是完全免費的。聞聲而至的病患日增,業務量急速擴增之下,興建新診所的工作勢在必行。

孫理蓮於 1960 年 9 月看中緊鄰北門嶼教會一塊四十多坪的建築用地,當時她苦於經費有限,正打算放棄之時,謝緯得知這消息,立即前去實地勘查,認為這塊土地很適合建築診所,為了造福病患,不能沒有診所,因此他強調一定要買下這塊地。

九十多歲的「台灣烏腳病之父」王金河醫師。
（筆者攝於 2009 年 4 月）

謝緯（右四）、謝綸（右一）與王金河（右二）及劉敬成（左一）關心正在興建中的免費診所。（1962 年）

　　隔週，當謝緯再到北門為烏腳病患開刀時，立即拿了一萬元作為購地之用，王金河夫婦也向外界募款，配合買下這塊地。由芥菜種會出資興建免費診所，於 1963 年 1 月竣工落成啟用。

　　從此以後，免費診所擁有獨立的看診空間，有新的手術房以及二間病房。因經費有限，先建一樓，1966 年才再完成增建二樓以及其他病房。為了免費診所能夠持續經營，孫理蓮一直負責募款的工作，尤其向美國及加拿大等友人、機關團體，每月寄出幾千封的募款信函，以供免費診所病患的醫藥及吃、住等之需。

　　免費診所的業務漸上軌道之後，為了讓病患在治癒之後能夠

位於北門嶼基督長老教會旁的「基督教芥菜種會北門免費診所」。（筆者攝於 2006 年）

擁有謀生技能，幫助他們學得一技之長以自力更生，乃由省農復
會、台南縣政府、省立手工藝推廣中心及北門嶼基督長老教會共
同推動設立「烏腳病患手工藝訓練班」。

　　該班於 1963 年 3 月成立之後，委由王金河夫人毛碧梅女士
一手負責經營，並附設生產中心。1983 年孫理蓮病逝之後，1984
年基督教芥菜種會北門免費診所停辦。2006 年王金河將「金河診
所」捐給政府，2007 年 9 月成立「台灣烏腳病醫療紀念館」。

三　北門行腳，來去匆匆

　　免費診所正式開辦以後，謝緯固定安排每週四下午為患者開刀，其他時間若有病患需要進行截肢手術，他亦風雨無阻前往義診。1963 年 6 月 18 日他為烏腳病患王品開刀，這是該免費診所第一次為病人施行手術。

　　五十年前免費診所的醫療器材不齊全，手術房沒有冷暖氣，其他設備也很簡陋。起初王金河用一塊木床充當手術台，過了一陣子，才由一位美國外科醫師依其遺願，捐贈一座正式的手術台。

　　因為金河診所只有一、二位護士，人手不足，所以當謝緯為病人開刀的那一天，他會自己從南投帶著護士、助手、手術用的器材以及消毒過後的紗布一起前往北門。隨行者包括胞弟謝綸、助手劉敬成 3 及一名護士。謝緯帶著這個醫療小組，早上十點多一起共包一部計程車，從南投鎮出發，經嘉義市休息吃中餐，接近下午兩點始抵達距離南投鎮約一百五十公里的北門鄉，開始了一系列的診療工作。

---

3 劉敬成（1929-2017），赤水教會長老，與謝緯醫師長年出外義診，充當外科助手。

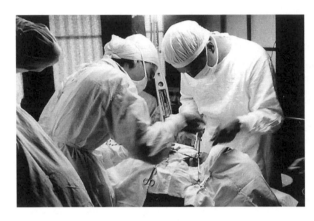

謝緯（右）在免費診所為病
患進行手術時，專注的神情。

　　謝緯到了免費診所之後，都會先巡視一下住院患者及門診患
者，親切地跟他們問候以及安慰。然後喝杯茶，就走進克難式的
開刀房，站著工作五、六個鐘頭。往往開刀至夜深人靜，回到南
投時已經是隔天凌晨一、二點。謝緯除了為烏腳病患截肢外，尚
為列為貧戶的盲腸炎、脫腸、痔瘡……等病人開刀。患者每週平
均五名上下，有時達十二人之多。

　　對於烏腳病患因當時醫療技術關係，必須截肢而心感無奈且
憐憫的謝緯，在 1964 年 1 月 4 日的日記中痛心地寫道：

　　今天要去北門，連續三日都沒有在家，覺得很累。但是，
北門有三個烏腳病的病人要截肢，最近覺得這樣做似乎是在破
壞身體，很不願意如此做，但是又沒有新的治療法。

　　這是一件對患者好的事情，但是我的內心覺得很對不起，我
的行為和我的內心有爭戰，切斷腳又不會再長出來。若是二隻腳

都切，感覺非常悲慘，所以我一直在想有沒有其他新的治療法。
七點工作結束，又在那裡一同用晚餐，到家已是十點四十分了。

　　1 月 30 日，又到了謝緯前往免費診所的日子，當天早上要
出門之前，發現自己的大便是黑色的。原本想休息一天，但是他
想到有病人等著要手術，所以他還是去了北門。他隔天的排便仍
然是黑色的，謝緯自己診斷，應該是十二指腸潰瘍。
　　2 月 20 日，謝緯在北門為烏腳病患施行手術，切除七位病
人的腳，又感嘆地說：「難道沒有根本的治療方法？」雖然截肢
不是根本之道，但是從沿海各鄉鎮仍然湧進無數患者，進入憐憫

左：比謝緯小三歲的謝綸每次都陪著二哥至免費診所義診。（筆者攝於 2006 年）
右：王金河（左）與謝緯（右）是「鐵三角」中的二角。

之門接受治療。

　　謝緯如此賣命地為烏腳病患服務的精神，感動了許多人。
然而，當年陪著謝緯的胞弟謝綸，卻謙虛地說：「我們只是一星
期去為患者開刀一次，不算什麼。我們開完刀之後就回南投，剩
下的照顧病患工作，都落在王醫師夫婦身上。王金河醫師被稱為
『烏腳病之父』一事，一點都不為過。因為當時有芥菜種會募集
經費，而又剛好在北門嶼當地有位願意幫忙的教會醫師王金河，
免費診所才得以成立，那些患者才有機會接受醫治與照顧。」

　　這種完美的組合，謝緯夫人楊瓊英亦說：「**這真是上帝美好
的安排。**」也就是說，醫治烏腳病的這「鐵三角」，在北門憐憫
之門免費診所的經營上，每一個「角」都是不可或缺的。

　　除了為病人開刀之外，謝緯也很關懷北門嶼教會的傳道師。
1964 年 9 月間，他曾詢問當時駐教會的傳道師謝薰芳，在傳道工
作上有否遭遇困難？謝薰芳回答說，無論是探訪散居在偏僻村落
的會友，或去訪問退院的患者，都得靠步行前往，使他在時間和
體力上都覺得有一點力不從心。謝緯聽完，下週再去手術時，即
帶上一千餘元，供謝薰芳買部腳踏車騎用。

　　另外，北門嶼教會的會友，大部分都是清苦的，經濟較為困
難，負擔不起傳道師年終二個月的慰問金（計二千元）。謝緯得
悉此事，於隔週到北門時，又帶兩千元給傳道師作為年終獎金。

　　1970 年 5 月 23 日，謝緯與夫人楊瓊英一起前往北門，參加免
費診所創辦十週年感恩禮拜，並以「為主成為戀人」為題證道。

四　化解免費診所關閉危機

　　由於孫理蓮人在台北，所以將免費診所的行政及財務工作都
交給王金河負責。有一次，因為西德藥廠贈送一批藥劑的關稅問
題，使王金河與孫理蓮之間產生誤會，「憐憫之門」也差點遭到
停辦而「關閉」的命運。

　　1966 年 6 月 1 日，孫理蓮突然打電話給謝緯，說北門免費
診所的工作要停止，叫他隔天不用去北門了，理由有很多，其中
之一就是說她和王金河的意見不合。謝緯掛上電話之後心想，這
二位都是為了上帝在工作，而現在卻為了一點意見不合，就要
中止這個事工，他覺得很可惜，認為免費診所的工作或許可以停
止，但是那些患者的病痛，卻是沒有辦法中止的。

　　為了這件事，他打電話和董大成教授連絡，但沒有得到很好
的解決辦法。他覺得在北門這麼偏僻的地方，還有這麼多人去那
裡就診、手術，是一件很不簡單的事，這表示免費診所的服務，
得到病患及家屬的信任。一旦這個事工要馬上取消，於情來說，
他覺得沒有辦法忍受。於是，他把這件事情放在禱告之中，求神
幫助，看有什麼辦法可以讓它再繼續。

　　隔天，謝緯照常到北門，去為二個烏腳病患和腳趾有癌症的人動手術。而且他決定，為了讓這個有意義的工作能夠持續，他一定要盡力做王金河醫師和孫理蓮之間的和解者。

　　在北門的王金河也忽然接到孫理蓮來電，孫理蓮很生氣地表示，因為他將芥菜種會的錢據為己有，所以她決定要關閉免費診所，說完後就掛上電話。王金河為了弄清楚狀況，回撥了五次，卻都無人接聽。

　　無故被指責的他，當晚就搭夜車去台北，可是等了兩天，孫理蓮還是不願意見他。於是，滿腹冤屈的王金河就到南投與謝緯訴苦。謝緯告訴王金河說，他相信這一定是個誤會，要王金河不要急，不要生氣，要多祈禱，一切信靠上帝。

　　經過謝緯在王金河與孫理蓮二者之間進行溝通與了解之後，才使真相大白。

　　原來，西德藥廠生產一種用於末梢血管擴張的新藥（Complamin），並將這種藥劑寄給了台大醫院做人體試驗使用。台大醫院認為這種藥劑若給烏腳病患使用，應該可以減輕他們的痛苦，於是就原封不動地撥交給免費診所使用，因此，這批藥劑的關稅是台大醫院負擔的。

　　當這批藥劑使用完畢，王金河覺得這種藥的效果很好，於是向台大醫院再申請第二批藥劑，並建議由西德製造商直接寄到免費診所。然而，這批藥劑是必須繳交關稅才能提領的，王金河先行墊付之後，便向芥菜種會請款。但是，在台北的孫理蓮只知道

台大醫院曾贈送一批已付完關稅的藥劑，卻不知道有第二批藥劑的事，就以為王金河這次的請款是為了圖利自己，雖然有派員到北門了解，但是，尚未仔細查證就想要關閉免費診所。

於是，謝緯寫了一封信告知孫理蓮事實的真相，表示自己已經和王金河醫師談過相關的事情。他覺得有些事必須要說明清楚，才能化解二人之間的誤會：

第一、謝緯曾前往會計處查閱帳簿，覺得一切都沒有問題。免費診所在處理外界的捐款事宜方面，也很清楚。但是，問題在於他們沒有給孫理蓮會計報表，才產生誤會。如果芥菜種會需要的話，他們將會把報表，包括過去到現在的，全部都交給她。

第二、在建築新院舍時，王金河他們更改了計劃，蓋了較貴的屋頂，因此增加了總支出。在工程進行期間，王金河向外界募來十二萬元，其中二萬元指定要購買藥品，並且已經購入，剩下十萬元。他們向芥菜種會要四萬元，但十四萬元並不夠所有的建築費用，其餘的費用則都由王金河支付。

第三、免費診所的員工反應，他們覺得芥菜種會的專員去視察時，除了沒有仔細公平的檢視之外，他的態度就好像是主人對待僕人一般，因而讓北門的人覺得那位專員不如孫理蓮那樣的友善，以及樂於配合。再者，當孫理蓮到北門的時候，免費診所的工作人員想單獨和她談話時，經常被芥菜種會的人阻

擋，或孫理蓮沒有時間。他們想要有更多的時間和她談話。

　　第四、王金河醫師非常希望孫理蓮能夠繼續支持烏腳病的
醫治工作，若她反對王醫師繼續留在免費診所，他願離開。謝
緯覺得王醫師用了許多自己的錢在此工作上，但是他卻表示為
了不妨害免費診所的運作，他願全部放棄。這就可以看出他非
常看重這個工作，所以謝緯覺得孫理蓮應該讓王金河繼續在這
個工作上付出。

　　之後，王金河再次去台北。當他在火車上時就一直禱告，
祈求主賜給他一顆「冷靜」的心。到了芥菜種會事務所，孫理蓮
與董大成已在那裡等候。他對孫理蓮說：「妳是頭家，[4] 我要尊重
妳。但妳是慈善家，而我是醫師，在醫學方面，我有我的專業。
另外，妳交代十分，我做十二分，我將免費診所的工作，當作自
己的事業在做。我不會做出對不起上帝的事。」

　　經過和平使者謝緯的從中斡旋，不但消除了孫理蓮的憤怒與
誤解，同時也澄清了王金河的冤屈，因而增進兩人之間的了解，
並促其和好如初，終於使「北門免費診所」得以渡過面臨關閉的
危機，繼續經營。

　　經過兩年後的 1968 年 8 月 22 日的日記上，謝緯回憶這段往
事時寫道：

---

4 孫理蓮有支付王金河薪水。

免費診所（左）與北門嶼教會（右）。

　　……古早人說「人生好像夢」，真的覺得是這樣。想當初設立這個北門診所，醫院的建設、買土地方面有種種困難，我和王醫師都一起來挑戰這件事。再來就是王醫師和孫牧師娘之間有一些誤會，但排解了。至今一些很快樂的事、痛苦的事、悲傷的事在我的腦海裡徘徊轉去。盼望通過這些試煉，從今天起，北門的事業，上帝要讓它更堅固，盼望是這樣。

　　音樂和下圍棋是謝緯在百忙之中的調劑品。他常對旁觀者說：「人生就像一盤棋，有輸也有贏，我們不要計較輸贏，只要專注、認真，抱著喜樂的心情，盡本分去做就好了。」

免費診所的歷史「腳印」

　　本章中一再提到的免費診所，如今已改建為紀念館，作者於2006年曾經實地走訪，以下照片皆為作者攝於 2006 年 12 月。

標本。

藥局外觀。

藥局內部。

生產台。

西式病房。

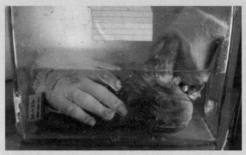
通往二樓的斜坡道（無障礙設施）。

連接左右二棟病房的天橋。

免費診所（左）與北門嶼教會（右）間的通道。

位於病房對面的「烏腳病患手工藝場」。

免費供給三餐的廚房。

位於病房對面的「手工藝工廠」。（2006 年）

編織草蓆，殘而不廢。（1963 年）

第九部 —— 歷盡滄桑的二基醫院

二林基督教醫院開幕紀念 主後一九六四年十一月三日

由台灣人自己興建的基督教醫院，終於在二林誕生。謝緯站在右三（臉被遮住）；前排左九：楊雲龍。（1964 年 11 月 3 日）

一　創院先聲——中中醫療團

我們也會、我們也能辦基督教醫院。　　　　　　——謝緯

　　謝緯從 1961 年起，領導「台中中會醫療服務團」積極投入教會醫療的服務，投身於幾乎得不到任何醫療援助的中部沿海地區。1964 年創辦了第一家不靠外資，而由本地台灣人自己興建的教會醫院「二林基督教醫院」。

　　當時長老教會各中會陸續成立醫療團，而將醫療團發展成設立基督教醫院者，唯獨台中中會醫療團。二林基督教醫院的設

Tiong Tiong Siau-sit
I-liâu kang-chok hoat-chiok

Pún Tiong-hōe i-liâu-thoân 8 goe̍h 18 ji̍t tī Lo̍k-káng tín-lāi ê Chháu-káng pò·-tō-só· (Hô-bí kàu-hōe hun-siat) khai-sí kang-chok. Tong-ji̍t ū 6 miâ bo̍k-su, 3 miâ i-su, hō·-sū, tiau-che, sū-bū-oân kok chi̍t miâ, Hô-bí kàu-hōe ê hōng-sū thoân téng, chham-hōe chiá kiōng 67 miâ, chin sēng-hóng lâi hoa̍h thâu to chi̍t pō·. Lé-pài-sek aū ū tùi 73 miâ khòa" pē" khui-io̍h, (it-chhè bián hùi iu-thāi).

tiau-cha tūi, tī nn̄g kò goe̍h kú siōng-sè tiau-cha iân-hái tē-hng khùn-khó· ê chōng-hóng, kap hoat-kiàn in ê su-iâu téng. Lán I-seng tī i hiah-nī bô êng ê tiong-kan, ta̍k pái ê úi-oân-hōe ū chhut-sek lâi kòng-hiàn pó·-kùi ê i-kiàn, kap hoa"-hí hō· i-su, hō·-sū, tiau-che kok chi̍t miâ lâi chham-ka tī chi̍t ê tīn-iông, koh beh thê-kiông i-liâu khì-kū téng. ʃ-gōa gōa-kok ê hó pêng-iú ê io̍h-phín, keng-chè téng ê pang-chān, sit-chāi móa-sim ê kám-siā, it-it kú bē liáu. Tī chia pò kúi-kù lâi kám-siā Siōng-tè kap kā tāi-ke seh to-siā. (Sia Úi).

1961 年 10 月《台灣教會公報》874 號〈Tiong Tiong Siau-sit〉（中中消息）。

立，以及二林喜樂保育院的創辦，是醫療團在彰化沿海地區服務之「意外」成果，也在台灣醫療史上印記了基督徒醫師在偏遠地區美好的腳蹤。

醫療工作發足

本中會醫療團 8 月 18 日在鹿港鎮裡的草港佈道所（和美教會分設）開始工作。當日有六名牧師、三名醫師，護士、調劑、事務員各一名，和美教會的奉事團等，參會者共六十七名，很盛況地來跨一步，禮拜式後有向七十三名看病開藥（一切免費優待）。以後每週五都有繼續在此實行醫療傳道，每次輪值當番的醫師和牧師也有排好班，願主與我們同工。

從 6 月 6 日的發會式後，各方面的籌備有順利，特別在募捐的方面，得到各位的協力與關心，而有額外的成績，滿心感謝！某牧師說：「他們的教會所奉獻的是破紀錄的，某信徒說要出五百元，到時卻出一千元。」有許多醫護人員，踴躍來參加這個聖工，就是因為愛主和同情這些艱苦與軟弱的人，也有因不知道而致未加入者，趕緊追加來加入

者，實在為耶和華來熱心者，不只有以利亞一人。

　　施加爾牧師和兩位台南神學院的學生所組成的調查隊，在二個月之間詳細調查沿海地區困苦的狀況，並發現他們的需要等。蘭醫生在非常忙碌之中，每次的委員會都出席，來貢獻寶貴的意見，又歡喜讓醫師、護士、調劑，再一次來參加在此陣容，還要提供醫療器具等，此外，外國好友要提供藥品、經濟等的幫助，實在滿心的感謝，一一列舉不完。

　　在此報告幾句來感謝上帝，並向大家道謝！

──謝緯，1961 年 10 月《台灣教會公報》874 號

〈Tiong Tiong Siau-sit〉（中中消息）之漢譯

　　謝緯自 1960 年 1 月起接任南投教會的第二任牧師，又擔任台中中會第 30 屆中委，在他繁忙的醫療生涯之中，又增加了他的教會事務參與。為了讓基督徒醫療服務團[1]能夠順利組成，以服務貧苦病患，謝緯於 1961 年 5 月中親自訪問中部地區的基督

1　1960 年 11 月 21 日，施嘉爾牧師（Rev. C. J. Schroeder）和「長老教會台中中會沿海傳道部」的同工一同籌劃「沿海醫療傳道團」之組織。同年 12 月 7 日通過組織章程向中委會備案，並訂出計劃在鹿港、伸港、線西、芳苑、大城、福興、二林、清水、梧棲、龍井、大甲、大安等總人口數為 40 萬人左右的 12 鄉鎮進行醫療傳道事工。

中中醫療團第三屆總會。前排左一：黃明輝；左三：謝緯；左四：林庚申；右二：蔡
陽昆。三排右四：陳曜煊。(1963年)

徒醫師們，受訪的醫師都大受感動，也願意和謝緯一起籌組醫療
團，並參加義診活動。[2]

　　於是，在眾人的期待之下，「台中中會沿海醫療團」（簡稱
「中中醫療團」）於1961年6月6日在彰化教會正式成立，謝緯
被選為醫療團首任主席。中中醫療團的成員包括醫生、藥師、護
士、檢驗師、牧師和司機等。該醫療團自1961年8月18日開始
於彰化縣草港地區從事醫療傳道工作，醫師們每週固定奉獻一

---

2 主要加入的醫師有林庚申、陳黃義平、蔡陽昆、陳曜煊、黃明輝和楊作舟等。另外
　也有牧師加入此團隊，包括呂春長、李明意、孫鴻沂、姚正道、郭東榮、鄭泉聲、
　邱天登及廖懷義等。

天，不分晝夜地參加巡迴看診。

　　當時在台灣的基督教醫院以及療養慈善機構，皆由外國人一手包辦，包括出資創辦以及經營，可稱之為「外國人醫院」（Foreigner Hospitals）。[3] 謝緯與許多外國的慈善機構接觸與合作過，包括門諾會、世界展望會以及芥菜種會等。

　　他看到這些外國人為台灣做出那麼多的貢獻，深感於此時的台灣，急需培養並深耕本地人「自立、自治、自養」的責任，以進一步彰顯台灣人的尊嚴，因而確立了其自辦「基督教醫院」之堅定信念。謝緯說：

　　我們也會、我們也能辦基督教醫院……全省醫師總人數中基督徒醫師占百分之二十的高比例，為什麼一定得靠外國人才能夠辦到呢？……甘薯要發根、要自立、要自覺，該是我們自己辦，自己努力的時候了」。

　　有鑑於此，當時擔任台中中會副議長的謝緯，就在 1964 年 1 月成立了「中中基督徒醫師聯誼會」，開始積極籌劃成立醫院，

---

3 例如馬雅各醫師的「新樓醫館」（1865）、馬偕牧師的「偕醫館」（1880）、蘭大衛醫師的「彰化醫館」（1896）、戴仁壽醫師（Dr. George Gushue-Taylor）的「樂山療養院」（1934），以及二次戰後成立的「基督教門諾會診療所」（1949）、白信德醫師（Dr. Signeberg）的「屏東基督教醫院」（1953）；以及戴德森醫生（Dr. Marcy Ditmanson）的「嘉義基督教醫院」（1958）、孫理蓮傳教士在台灣的「基督教芥菜種會」（1962），直到譚維義醫師（Dr. Frank Dennis）的「台東基督教醫院」（1964）等。

「中中醫療團團員」。前排左起：謝緯、蔡陽昆、林庚申。後排左起：楊作舟、陳曜煊、黃明輝、孫鴻沂。（1962年）

並到處募款，[4] 各種籌備工作持續進行著。這家醫院尚未正式落成之前，就已開始對外看診，並依中中醫療團的模式，每一位醫師輪流安排每週一次前往二林看診，包括陳曜煊[5] 看婦產科、侯安息負責內科及小兒科，謝緯專責外科等。

　　10月20日，謝緯召集了幾位醫師開會討論有關興辦醫院之事，有一些醫師為這家醫院是否可以順利開辦表示憂心。此時陳曜煊卻很有自信地說：「絕對有辦法。」由於這位醫師既積極又有把握的發言，使得謝緯對於興辦醫院的信心大受鼓舞。

---

4 同年3月偕同瑪喜樂太太前往二林了解狀況，途中經過彰化，與時任彰化教會牧師謝天祿及一位黑人Mr. Margin一起吃中餐再前往二林。謝緯向他們提及興建醫院之事，其中病房部分要追加預算2萬5千元，那位外國朋友說願意奉獻這筆經費。
5 陳曜煊（1924-1990），在彰化市開設陳婦產科診所，擔任彰化縣第13屆醫師公會理事長。

二　籌建二林基督教醫院

　　中中醫療團在台中及彰化沿海地區巡迴醫療三年之後，謝緯選定在二林創設基督教醫院，其目的是為了：(1) 需要一個固定地方供給巡迴醫療團所需要的東西；(2) 沿海地區的疾病需要進一步的研究與治療。

　　二林鎮，位於彰化縣西南部，東接埤頭鄉，西連芳苑鄉，南鄰大城鄉，北以舊濁水溪為界，連接埔鹽、溪湖二鄉鎮。當初要創辦醫院的時候，謝緯認為，只要能夠服務病患，在彰化沿海的任何一個地點都可以，最後以鹿港及二林兩個地方進行評估與考慮。

　　而二林雀屏中選的原因有二：第一，鹿港鎮距離彰化市較近，病人要到彰化基督教醫院就醫比較方便（約八公里）。而二林距離彰化市較遠（約四十公里），對當時交通不便的情形而言，的確令人為之卻步。

　　同時，若在二林設醫院的話，還可以照顧到濁水溪沿岸的埤頭、溪州，甚至雲林縣的西螺、虎尾等地的病人，讓他們得以免除舟車勞頓之苦。第二，因為二林基督長老教會非常積極的支持這家醫院的興建。

二林基督教醫院是「彰化縣政府特定貧民施醫所」。

　　定案之後，各項籌建工作陸續展開，首先，二林教會以及附近的竹塘、大城、芳苑等教會共同捐地一千坪、病房一棟、工程費八十萬元。看到這種情形，謝緯的信心大增，其餘不足的建築經費，就由他接洽德國友人 Miss Else Schroeder 及「西德基督教婦女祈禱會」捐助新台幣前後共八十萬元；台中中會所屬教會及醫療團的團員也為建院經費奉獻。

　　經過各個醫療團成員的縝密籌設之下，1964 年 11 月 3 日在當時人口數五萬六千多人的二林鎮上，創立了「基督教沿海巡迴醫療醫院」。[5] 謝緯在中中醫療團的時候，是醫師們輪流一星期去

---

5 二林基督教醫院前身，當時又稱為「二林基督教會貧民施療中心」。

巡迴義診一次，但是，既然現在已經成立了定點之醫院，為了使經營能夠儘早步入軌道，需要有全職的醫生才行。

　　這是第一所由台灣人所獨力創辦的教會醫院，由林庚申醫師擔任第一任董事長。至於院長人選，謝緯邀請時年已72歲的岳父楊雲龍醫師，將其醫師籍由台南市遷至彰化縣，得以申請醫院營業執照，並由他暫時擔任二林基督教醫院院長。而謝緯只是單純的當一位外科醫師，義務為患者開刀。院內醫師除了謝緯之外，尚包括林庚申、陳黃義平、蔡陽昆、陳曜煊、黃明輝、侯安息等人。

　　開幕當天的日記上，謝緯感謝地禱告說：

台北馬偕紀念醫院院長羅慧夫（Dr. Samuel Noordhooff, 1927- ）至二林基督教醫院關心，之後與彰化縣醫師公會的醫師們在彰化市「八卦山招待所」（餐廳）餐敘合影。左起：陳曜煊、蔡陽昆、不詳、王耀南、黃明輝、羅慧夫、不詳、林庚申、不詳、謝緯。（1969年8月9日）

由台灣人自己興建的基督教醫院,終於在二林誕生。謝緯站在右三(臉被遮住);前排
左九:楊雲龍。(1964 年 11 月 3 日)

　　上帝啊!過去我們由信仰出發而組成醫療團,現在又從信
仰來建造這間醫院,之後又要從信仰來經營這間醫院,盼望祢
來引導,照顧這間醫院……

　　治療小兒麻痺症也是二林基督教醫院的重點工作,因此,在
該醫院中,也附設「小兒麻痺診療中心」。創立之初,彰化基督
教醫院曾協助部分的醫療工作。初期由於病房不足,住院患者只
好與小兒麻痺病童,一起借居於醫療團禮拜堂內。

　　為此,醫院加建了二樓的病房,可容納三十五張病床,於

左上：要興建二林基督教醫院的土地上插著「基督教會貧民施療中心建築用地」的牌
　　　子。（1964 年）
左下：剛興建完成的「基督教會貧民施療中心」。（1964 年）
右：二林基督教醫院是台灣人的驕傲，也顯出台灣人的尊嚴。

1967 年完工。該院亦於 1967 年開始辦理彰化縣貧民診療，1968
年承辦公保醫療業務。1961 年成立的「台中中會醫療服務團」在
彰化、台中沿海地區義診工作前後持續八年之後，在 1968 年劃
下句點，完成了階段性的醫療宣教使命。

　　為了推廣二林基督教醫院院務，1969 年至 1971 年間，台北馬
偕紀念醫院每星期的週三至週六，派主治醫師級以上醫師一名前往
二林協助，並代為訓練該院之醫師，二基醫院只負擔交通費。日後
重整二基醫院的吳震春醫師，當時亦為前來協助的其中一員。

（三） # 快樂來自患者的信賴

　　由台灣人自己設立基督教醫院，是謝緯的負擔與理想，這個願望在 1964 年達成了。一直到 1970 年他不幸去世的這六年當中，謝緯在二基，當一位外科醫師之外，他又兼任埔基院長，每星期一到埔里巡迴看診；每週四又要到台南縣北門免費診所為烏腳病患開刀；1966 年被選為台中中會議長後，常於禮拜二主持中會會議；1969 年被選為總會議長，更是大小會議不斷，又要主持許多教會的落成典禮以及牧師的就任儀式。

　　雖然如此忙碌，謝緯仍然安排每星期三下午到二林義診。[7] 在一個禮拜之中，往返於五所醫院（大同醫院、埔基、肺病療養院、二基及免費診所）到處看診，從南投縣的偏遠山區到彰化縣的貧瘠海邊，甚至遠及台南縣的鹽鄉地帶。患者愛他，他也愛患者，醫、病之間的感情昇華至「不要把醫術當算術」的境界。因為，謝緯認為做醫師的應抱定救人第一為宗旨，決不是只為了賺錢，因為救人所得到的快樂，常勝過金錢。

7 除了星期三之外，從其日記中亦發現許多次的星期五（金曜日）謝緯仍然去二林。

　　每當他到各醫院義診的這一天，求診的患者就特別多，甚至許多患者說，看到謝緯，病就好了一半。這幾年當中，他只有三次未能前往二林看診，一次是到日本去進修考察；另一次是因為工作太忙導致胃出血；最後一次，就是車禍身亡。[8]

五、六〇年代的「公路局」公車。

　　從南投到二林路途遙遠，兩地交通不便。生性節儉的謝緯，通常從南投鎮坐巴士出發，途經縣境名間鄉，再進入彰化縣二水鄉，最後抵達終點站——二林鎮。

　　另外一條路線，則是從南投坐省公路局的公車到草屯，輾轉換車從彰化而至溪湖，再到二林鎮。

　　謝緯在 1965 年 8 月 20 日那天要去二林的時候，外面正好下著滂沱大雨，又夾雜雷聲閃電。太太擔心地對他說：「這麼壞的天氣，你就不用去了，那邊可能不會有患者。」雖然天氣如此，謝緯卻認為，如果有一個患者前來就診，那麼就算他冒著風雨前去，也是值得的，而且他還要對那個患者更加親切。

　　在他的堅持之下，楊瓊英讓他出門了。於是，謝緯就坐計程

8 蔡陽昆‧林庚申，〈在奮鬥中成長的二林基督教醫院〉，大同醫院編《故謝緯牧師／醫師紀念集》，台南：台灣教會公報社，1971，頁 48。

車繞道彰化至溪湖，想在那邊換搭客運到二林。但是因為路面淹水，客運停駛，他只好再從溪湖搭計程車去二林。當謝緯抵達醫院時，已經有八個患者在候診，其中有一個是需要動手術的。謝緯說：

當醫生的快樂不是得到金錢，而是得到患者的信賴。

1966 年 9 月 16 日，雖然是颱風天，早上謝緯在南投外出往

謝緯（後排左二）與蘭大弼醫師（後排右三）為台灣醫療貢獻心力。前排左四起：連瑪玉女士、邱天登牧師、王守勇牧師。後排左三：董大成教授；後排右二：吳耀明醫師。（約 1965 年）

診後，仍然坐巴士去二林。但是因為颱風以致車班誤點，到了下午三點才抵達醫院，發現候診室已經有十幾位病人在等候他。結束了當天的工作回到南投時，幾近凌晨一點。

有一次，晚上十二點多，從鄉下送來了一位胃穿孔的病人，二基醫院的值夜外科醫師打電話給謝緯請求支援。謝緯於半夜一點半就到了醫院，正想換穿手術衣進入手術房時，卻發現消毒過的手術衣已經用完，於是護士趕緊再拿去消毒，直到三點多才消毒完畢。謝緯不但沒有發脾氣，還幽默地對護士說，是自己來得過快，就在椅子上睡一會兒等著。

1968 年 7 月 20 日，這一天是禮拜六，謝緯白天在大同醫院為病人開刀，晚上二基醫院來電表示有急診，病患需要進行手術，他二話不說，立刻從南投趕往二林，回到家已經隔天清晨四點半。

1969 年 10 月 22 日這一天吃過中餐之後，謝緯從南投騎著摩托車往二林看診，回程時因摩托車的大燈壞掉，以至於晚上九點多才摸黑到家。雖然讓家人操心而感到不好意思，但是，他還是覺得這是一趟「非常自由快樂的旅程」。儘管路途遙遠，他仍然告訴醫院職員：「無論何時病人需要我，我會馬上來。」謝緯在日記中寫著：

為地方上身體欠安的人來事奉，通過醫療為了神來做工，這個幸福不是從金錢來的報酬，是我可以通過醫療來事奉神，

這個喜樂是無人可以搶奪的。二林的成績比自己醫院的成績更重要。

他也曾表示,不知為何去二林看診的日子,就會感到很興奮,而且特別有元氣。謝緯把經營二基當作自己的事業看待,其用心程度,甚至遠超過自己的大同醫院。

除了義診之外,他又善待病人,常私下把錢放在貧困患者的藥袋中;當這家醫院有經濟困難時,他屢次率先奉獻,增添醫療設備、改善工作環境。他的奉獻或捐款,向來不是一般人的「意思、意思,一、二百元」,用一點錢來避免麻煩,乃是盡其所能。對教會、醫療機構,一萬、八千的奉獻是常有的。在二基醫院感覺手術房太熱,他購買一部冷氣機。可惜在尚未安裝之前,他就已別世。

四 滄桑與蛻變

　　1970 年因為彰化基督教醫院董事長翁嘉器出國，其職務暫由謝緯代理。謝緯為了促成二家醫院彼此合作，增加彰化與二林兩地的醫療資源，也相信這二家醫院將因而發展得更好，曾建議院長蘭大弼[9]將二林基督教醫院納入其醫療網，成為彰基醫院二林分院。但是，當年蘭院長以無能力照顧二基醫院為由，沒有答應。

　　同年 6 月謝緯去世，過沒多久，二基醫院業務急遽萎縮，收入無法維持營運，員工接著陸續離職。1975 年起，更由於醫師陸續出國進修或自行開業，院務逐漸荒廢，住院部關閉，僅門診部

---

9 蘭大弼（Dr. David Landsborough (IV) M.D. 1914-2010），又譯為蘭大闢，蘭大衛醫生之子，1914 年 12 月 14 日出生於台灣彰化街，1932 年倫敦大學醫學院就讀，1937 年倫敦大學醫學系畢業，取得醫師執照。1939 年獲倫敦大學醫學博士，1947 年 6 月 14 日與高仁愛醫師在英國結婚（時 34 歲），1952 年 4 月到彰化基督教醫務服務。1954 年 9 月董事會因楊毓奇院長回巴西，違約不回醫院，故任命蘭大弼醫師為第九任院長。在彰基服務 28 年後，於 1980 年 6 月退休（時 67 歲）。醫院聘蘭醫師為彰基終身名譽院長。1991 年 11 月 24 日獲頒台美基金會人才成就獎之社會服務獎；1996 年 2 月 10 日獲頒第六屆醫療奉獻獎；同年 11 月 18 日獲李登輝總統頒贈紫色大綬景星勳章（時 83 歲）；2004 年 6 月 9 日蘭大弼至台南神學院接受『榮譽人文學博士』學位。2010 年 3 月 2 日逝於英國。

仍維持營業，由黃明輝、蔡陽昆、陳曜煊等醫師，每週一、三、五輪流應診；並有洪金枔、楊朝宗、侯安息、楊作舟、阮德茂等醫師每週一至六上午門診。

　　另外，彰基施明哲、周神彬、吳彩霞、李滿堂、陳守平等醫師亦前來支援。之後幾年，二林基督教醫院的業務幾乎停擺，昔日人滿為患的景象不再，亟待奇蹟出現，以解決營運危機。直至1980年彰基院長吳震春接手之後，二基醫院才恢復生機，直到今日。

　　彰基醫院院長蘭大弼即將於1980年退休返英之際，為了讓醫院能夠繼續順利經營，院方董事會大力推薦並積極勸進吳震春醫師[10]前往就任。當時還在台北馬偕醫院服務的吳震春心中掙扎萬分：「最近，基督長老教會總會要聘請我接任彰化基督教醫院院長之缺，因為蘭大弼院長欲退休返英。對我來說，這是一件大

10 吳震春（1921-2006），台南市人，1944年台北帝國大學醫學專門部畢業後，服務於省立台北醫院（今中興醫院）。1947年與婦產科醫師汪婉華結婚，婚後育有一子三女。1948年轉任台北馬偕醫院醫師33年，期間擔任該院婦產科主任20年，副院長數年。1956年赴英國倫敦大學婦產科研究，數年後又至日本進修，取得日本山口醫科大學醫學博士學位。1967年三月參與組成「中華民國基督徒醫學協會」。1980年7月起擔任彰化基督教醫院第十院長，1985年受選為埔里基督教醫院董事長，直到1989年6月退休。吳震春早年即積極推動山地醫療，至偏遠地區為貧民義診，致力於醫療工作數十年，2004年獲頒「國際產科癌科終身成就獎」。生前擔任過台北濟南長老教會長老，社青團契名譽會長、台北基督教青年會（YMCA）理事，台灣痲瘋救濟協會理事長、中華民國基督徒醫學協會會長，史懷哲之友會會長、國際基督徒醫師會委員、中華民國婦產科學會會長、台北醫學院兼任教授等。（整理自《吳震春院長紀念集》、《彰基百週年紀念特刊》）。

吳震春說：「二林基督教醫院的荒廢，是基督徒的恥辱」。

事，因它逼得我不得不放棄過去三十三年間在台北所建設的一切……說實在的，除了彰基的董事長激烈地以雙手歡迎外，我的親友都堅決反對我去受苦。的確，應邀去彰基不是好玩的！」

然而，經過一番慎重的考慮，決定將醫療宣教的使命置於個人得失之上的吳震春，於 1980 年 7 月，欣然就任彰化基督教醫院第十任院長。之前，他就曾到二林基督教醫院支援看診，與謝緯熟稔，和二基也有一段感情。如今，看到二基的這種情形，不禁悲從中來，吳震春認為「二林基督教醫院的荒廢，是基督徒的恥辱」。

因此，他開始積極二基的「復原」工作，偕同行政副院長郭文隆與二基董事長蔡陽昆到二林視察、規劃重建工程、整修院

區。為了讓醫師的生活安定，他蓋醫生宿舍，解決交通不便的問題。自 1980 年 12 月 1 日起，彰化基督教醫院正式接管了慘澹經營數年的「二林基督教醫院」，並更名為「彰化基督教醫院二林分院」至今。

　　原本奄奄一息的院務，在吳震春院長的積極又用心之營運下，得以起死回生，業務蒸蒸日上，造福更多沿海民眾。

台灣基督徒醫學協會（TCMA）

　　　　1890 年外籍宣教師創立「中國醫藥傳道會」（China Medical Missionary Association），這些宣教師的醫療工作，被稱為「路加之門」（St. Luke's Gate）。[11]

　　　　二次戰後，台灣本地有一群基督徒醫生，為了發揮基督徒的愛心，並貢獻所學於斯土斯民，1967 年 3 月 3 日在台南縣關仔嶺召開「第一屆全國性基督教醫務人員聯合靈修會」三天。並於 3 月 5 日正式成立「中華民國基督教醫學

---

11 鄭連明主編，《台灣基督長老教會百年史》，頁 49。路加是個醫生（《歌羅西書》第四章 14 節：「所親愛的醫生路加⋯⋯」），傳統上一向認為路加是新約《路加福音》的作者。

協會」（Chinese Christian Medical Association, C.C.M.A.），
從事各種醫療與傳道工作，謝緯在此協會中擔任烏腳病研究
小組委員。

　　1990 年 1 月 6 日成立「社團法人中華民國基督徒醫
學協會」，1997 年 2 月對外英文名稱為 Taiwan Christian
Medical Association（T.C.M.A.）。1999 年 4 月正式向內政
部申請通過變更中文名稱為「台灣基督徒醫學協會」。

吳震春（三排左一）與謝緯（四排左六）皆為 CCMA 的創始會員。（1967）

五　喜樂之家

　　台灣最早有關於小兒麻痺症的紀錄出現於 1913 年，1956 至
1966 此十年間，小兒麻痺症流行台灣全島，尤其在衛生條件較差
的鄉下地區更形嚴重。

　　那個時候，一般人以為小兒麻痺會傳染，因而正常小孩都
不敢或被禁止與病患接近。而患者的家人又以為是自家有敗德行
為，或祖先做了不好的事而引起的。所以，為了遮羞避醜，家長
常將小兒麻痺患者幽閉於斗室中，任其於地上爬行。

　　這種狀況，在落後的濱海地區可說屢見不鮮。當台中中會醫
療團在彰化沿海地區義診時，發現小兒麻痺症大流行，遂開會決
定由二林基督教醫院就近擔負起醫療照護工作。因為二林地處窮
鄉僻壤，且交通不便，遂延宕至 1964 年 11 月始招聘到足夠的醫
生願意下鄉服務。

　　瑪喜樂（Mrs. Joyce Meredith McMillan, 1914-2007），人稱
「二林的美國阿嬤」，美籍華盛頓州人，加州柏克萊大學護理系肄
業。謝緯赴美即將返台之前，於 1954 年 7 月在加州舊金山「柏
克萊第一長老教會」的禱告會上，講述台灣現今的醫療狀況，以

及他預計在返台之後的宣教工作與醫療理想時，感動了瑪喜樂太太。

　　瑪喜樂於 1959 年（45 歲）處理母親後事之後，首次來台。在實際觀察過台灣醫療現狀之後，於 1960 年 5 月，她帶著變賣家產所得的現金以及募捐得來的衣物和藥品，再度來到台灣，進駐埔里「基督教山地中心診所」服務，開始與謝緯共事。

　　就在那裡，她看到孫理蓮另外為原住民開設「馬利亞產院」（Maria Maternity Institute）、徐賓諾在愛蘭台地上建「竹管仔厝」護理照護、德籍貝德芬（Anna Begemann）與謝存慈（Else Schroeder）宣教師創設「山地女子伯特利聖經書院」（Tribal Girls' Bethel Bible School）。

　　這些外籍人士的傳教、醫療與教育工作，讓瑪喜樂好生感動。但瑪喜樂也曾一度猶豫自己能做甚麼。然而，在貝德芬、謝存慈、孫

剛到台灣時的瑪喜樂。（1960 年）

慈祥阿媽──瑪喜樂女士。

理蓮、徐賓諾與謝緯等人的鼓勵之下，她終於決定要在台灣奉獻此生。因此，瑪喜樂開始在埔基設立「小兒麻痺之家」，協助病童及他們的家庭。

　　因為瑪喜樂有這方面的經驗，當謝緯在二基醫院成立「附設小兒麻痺保育院」時，第一個想到的最適當人選，就是瑪喜樂了。當時瑪喜樂心中非常猶豫，不曉得該不該離開埔里，該不該離開這些可憐的原住民病患及偏遠貧窮山地原住民部落，更不曉得自己是否有能力完成謝緯的託付。

　　到了 1964 年 5 月，瑪喜樂終於應謝緯之邀，進入籌備中的二林基督教醫院。瑪喜樂初至二林，看到這麼多可憐的小兒麻痺孩童患者，她問上帝說：「我能為他們做些什麼嗎？」

　　在二林基督教醫院創立之初，也同時成立「二林基督教醫院小兒麻痺診療中心」，當 11 月 3 日新院開張之時，該日就湧進了

左：身殘，心不廢的折翼天使。
右：雖然是爬著進來，期待有一天走著出去。

左：美國阿嬤與院童雕像。
右：二林基督教喜樂保育院今貌。（2007 年）

　　兩百二十二位小兒麻痺患者，醫院四處，一眼望去，都是在地上爬行的小兒麻痺症小孩。當時的瑪喜樂眼見有那麼多患者需要幫忙，便暗自許下宏願，要積極照顧這些折翼的天使。

　　1965 年 8 月，二林基督教醫院成立「附設小兒麻痺保育院」，委由瑪喜樂負責該院院務。因為醫師資源缺乏，邀請屏東基督教醫院的醫師前來支援診治，病患則分別在二林開刀，或遠送屏東治療。

　　同年 11 月，該院開始接受由高甘霖牧師所主持的「基督教兒童福利基金會」（CCF）的協助。1967 年 9 月，改名為「二林基督教保育院」，持續接收治療小兒麻痺孩童。但是，由於進來

醫院的病童越來越多，病房不夠安置當時的六十名小兒麻痺院童。為了因應更多的其他病患之需要，醫院只得將這些小兒麻痺患者獨立出去。

瑪喜樂知道必須為這些孩子另外找地方了，她也體認到必須尋找一些外援，才足夠為孩子發展未來。1968 年 6 月，瑪喜樂邀請從世界展望會來的司德鳳（Betty Stanton）小姐擔任喜樂保育院第一任院長。同年 7 月，瑪喜樂返回美國拜訪世界展望會請求幫忙。

經過展望會的雜誌報導之後，得到不少捐款援助，足夠阿嬤在二林高中對面買下兩千兩百坪的土地（喜樂保育院現址）建院。1969 年又獲展望會購贈一部專車。同年 11 月成立董事會，正式獨立收容院童七十名，並於 1970 年 5 月 24 日正式立案，並更名為「彰化縣私立基督教喜樂保育院」。

瑪喜樂曾獲第五屆「醫療奉獻獎」。1998 年獲省府榮譽省民證及彰化縣榮譽縣民證、內政部台灣永久居留證。1999 年獲中華民國華夏三等獎章、2000 年獲總統頒授紫色大綬景星勳章，以及台灣基督長老教會總會榮譽宣教師證。2002 年受長老教會總會封立為「榮譽宣教士」，並以 91 歲高齡於 2005 年獲頒第三屆「總統文化獎」（社會服務類「太陽獎」），這是第一位外國人獲得的獎項。

第十部——

荊棘中的蘆葦

謝緯（左一）以議長身分參加台中市向上教會獻堂儀式證道。（1969 年
12 月 25 日）

一　第一戇是選舉

　　雖然不是出自本身的意願，1966 年謝緯擔任台中中會議長，更在未出席會議的情況之下，1969 年被推選為台灣基督長老教會總會議長。他除了須日夜穿梭於山地與沿海間，從事醫療救人的工作外，還要處理教會事務，從中會到總會，致他的工作更加繁重。

　　本來就對政治（包括教會政治）不感興趣的謝緯曾說：「第一戇就是選舉。」他在擔任總會議長之前一年（1968 年），地方人士及諸多縣民曾有意拱他出來競選南投縣長一職。

　　他們以為，以謝緯聲望之高，尤其在埔里為原住民的服務與貢獻，票源豐富，絕對會當選。當時的國民黨縣長候選人林洋港亦親自登門拜訪謝緯，詢其參選意願。可是，對於政治不感興趣的謝緯，總是以「**我已經當了牧師和醫師，哪有空閒再當縣長**」來謝絕眾人的好意。

　　對於這些政治人物的造訪，他一點兒也不感到喜悅，反而覺得很煩。謝緯認為選舉會消耗很多物質和精神，那是很傻的行為。他不知道這些人是為了什麼，才那麼打拚在選舉上。但是，

謝緯明白自己應該走什麼樣的路。所以，他就專心去走他醫療傳
道的路。因為謝緯確信自己走的，一定是較有價值且正直的路。
所以，當周圍的人鼓吹要他出來參加選舉時，他都會毫不遲疑就
拒絕了。

二　為求圓滿，在所不辭

　　謝緯一直為醫療宣教事業奔波，樂此不疲，也甘之如飴，常披星戴月回家。到了 1964 年 1 月 20 日這一天，台中中會於溪湖開會，選舉議長與副議長。依一般慣例，議長通常要有過當副議長的歷練，所以，台中中會有意讓謝緯擔任下一屆議長，以辦理隔年的「設教百週年」活動。所以，今年要選他先當副議長。

　　在開會之前，聽到風聲的謝緯，以四點理由鄭重地表示他不要當議長，來加以婉拒：(1) 他沒有時間；(2) 他沒有政治才能；(3) 他不要讓別人誤以為他得了「大頭病」；(4) 他想把有限的才能和時間集中於醫療傳道。

　　但是，那些中會代表並未接納他的理由。所以，謝緯就決定開會當天不去參加會議，用缺席的方式來表達自己的心意。

　　會議當天，發覺謝緯沒有出現在會場，代表們就馬上到南投把謝緯「架」進計程車內。在形勢比人強的狀況下，謝緯也只好隨著他們一起到草屯參加會議。在大會投票表決之時，他得到最高票，因此，他當選了第 34 屆台中中會副議長。

　　之後，他開始參與中會的事務，也常代表中會主持新任牧師

左：台中中會議長謝緯（前排右三）主持會議後，與各中委合影。（1966 年）
右：第 16 屆總會議長：謝緯。（1969 年）

的就任典禮。隔年，謝緯如願地未擔任議長，但是，到了 1966
年 1 月 12 日，他還是被選為第 36 屆台中中會議長。在當選議長
之後，謝緯又多了一份負擔，他心裡想著，為了上帝與那些支持
自己的代表們，一定要好好扛起中會七十多間教會的責任。

　　1967 年 1 月 24 日，謝緯從台中中會議長卸任，改任中會第
37 屆中委。[1] 過了一年，長老教會總會召開在即，謝緯的名字出
現在副議長的候選名單之中。1968 年 2 月 11 日，他知道這一天
總會要選議長和副議長，所以，他故意沒有去參加會議而到埔里
巡迴看診，當時他的心裡感覺很輕鬆。

　　但是，那天晚上就寢前，卻接到了孫鴻沂牧師的電報，告
知謝緯已經當選為總會第 15 屆副議長了，要他趕快去就任。此

---

1 同年 2 月 12 日當選第七屆南投縣醫師公會理事長，為期三年。

第 15 屆總會議長：黃加盛（右）、副議長：謝緯（中）、書記：高俊明（左）。（1968 年）

刻的謝緯，心中忐忑，他想要找理由推辭這項職務。因為若現在接下副議長的工作，下一屆他就一定要擔當議長的重任，那樣的話，他就會更加忙碌而影響到他的醫療宣教事工。因此，第二天他以書面的方式，說明了他不去就任的理由與決心，並委託南投教會長老林釬壽將信件帶去總會。

　　然而，當天傍晚，他的大姊謝瓊、林釬壽長老、鍾子時牧師以及孫鴻沂牧師娘都打電話給謝緯，勸他應顧及台中中會的「面子」，而去就任總會副議長一職。

　　隔天，謝緯去二林看診的時候，又接到孫鴻沂牧師的電話，孫牧師一直拜託他去就任。經過多次的推辭，終究拗不過眾人的盛情，謝緯只好答應接下這份職務。

　　這個時候雖然已經妥協，但心中其實是無比煎熬：「我不喜歡的事，好像一步一步地踏進去，這不知道是上帝的旨意，還是我自己的軟弱。我覺得要說『No』很困難。」

　　就在謝緯的副議長任期屆滿之前二個禮拜，包括台中中會的

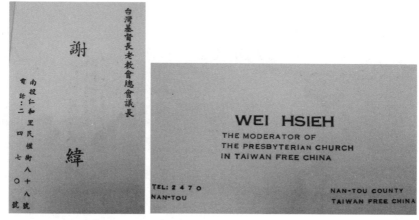

謝緯擔任總會議長之名片（正面與背面）。

議長、總幹事以及諸多牧師就開始了「勸進」其競選總會議長的動作。但是，謝緯再度深思熟慮之後，不為所動。他覺得應該對上帝忠實才對，因為自己不覺得有這份使命感，所以不想擔任下一屆議長。

　　這消息一傳開來，包括中會議長、牧師，南投縣長林洋港都去拜訪謝緯。甚至，國民黨中央黨部透過縣黨部主任秘書，也來勸說謝緯出任總會議長。1969 年 2 月 3 日，謝緯雖然又一次「刻意」缺席總會會議，但是，他仍然被推選為台灣基督長老教會總會第 16 屆議長。

　　這件事使他猶豫不決，心中開始掙扎地對太太說：「他們一直叫我去，該如何是好？」楊瓊英則對他說，既然被選上了，就應該去。因此，雖然不是出自本身意願，但為使事情「khah oân-boán khah hó」（台語，較圓滿較好），於是，他赴任總會議長。

三　退出 WCC 事件

謝緯擔任長老教會總會議長不久之後，發生了政府逼迫長老教會退出 WCC（World Council of Churches，普世教會協會）的事件。面對一連串政府的逼迫行為，謝緯以一貫**「甘願做戇人」**的精神，繼續與政府周旋、協商，去做沒有人願意做、但卻需要有人做的工作。

事實上，面對國民黨政府對長老教會一再施壓，強烈要求總會退出 WCC 這件事，著實讓身為議長的謝緯，陷入天人交戰的情境之中，也可說是他一生最為挫折與無奈的時刻。

1969 年 7 月 31 日，擔任議長不到半年的謝緯，在其日記上有感而發地寫著：

最近真正感覺自己的能力、生命的界限、人的一生，是神所安排的，使我們無法預測。不知道什麼原因，讓我感覺我的人生終點一天天迫近在眼前。

另於 1970 年 1 月 26 日的日記上感慨地說：

數算自己年齡已經五十四歲了，……現在已經不是工作的
開始，覺得是我的工作結算的時候到了……

謝緯覺得如果沒有 WCC 事件使他煩心，他就可以非常自
由、快樂地前往各地從事其醫療救人的工作。也就是說，哪裡
有急診，他就可以馬上行動，甚至改變原來的既定行程，因為，
「救人第一」是他的基本原則。

雖然如此，謝緯並沒有逃避其議長的責任，他深信：「掌
權者的心，若向你發怒，不要離開你的本位，因為柔和能免大
過。」（傳道書 10:4）於是，他勇敢地面對所有挑戰，以堅決的
意志，柔和的態度，希望能「圓滿」解決此事件，同時又捍衛長
老教會的主體性。雖然對政治沒興趣，但是考慮到整個台灣教會
的前途，而開始和政府官員互動。為了做好教會與政府之間的溝
通橋樑，他常常自我反省，並且不斷地祈求禱告。

WCC 事件的背景因素

「普世教會協會」（WCC）是全世界最大的基督教組
織，成立於 1948 年，當時已有五億的基督徒成員。台灣基
督長老教會認同普世教協的神學觀點，1951 年加入成為會

員，也是台灣唯一的會員。因為普世教協規定，信徒五萬人以上的教會，才有資格入會。當時，除了長老教會，台灣並沒有其他教派的人數超過五萬人。

六〇年代以後，中國共產黨漸漸得到中國人民支持，並成為軍事強國。WCC 認為，一個國家人口這麼多，武力這麼強，不應該被排除在國際社會之外，若不將它納入聯合國，以國際規則約束，將對世界的公義與和平，造成負面的影響和巨大的威脅。因此，WCC 建議聯合國，允許中國入會。

國民黨政權對此感到十分不滿，且指責 WCC「容共」，並要求長老教會退出這種「容共團體」。他們透過報紙等種種媒體，說 WCC 是容共、擁共。當時，在以「殺朱拔毛、反攻大陸」為基本國策的時代，長老教會就是容共、擁共，形同叛亂團體。

國民黨政府更利用《角聲》和《福音報》等御用教會報，發動一波波的攻擊，來壓迫長老教會。但是長老教會認為，全世界的基督徒是一體的，有的生活在自由世界，有的生活在共產主義統治之下。教會關心所有受苦的基督徒，也關心中共統治下，受壓迫的基督徒。長老教會一再向國民黨政府解釋立場，但他們拒絕接受。

禮拜結束，謝緯牧師「祝禱」。

　　1970 年，國民黨政府更加強烈要求長老教會退出 WCC，並出言威脅：「你們如果不退出，後果嚴重。」對此，教會內部意見不一。長期白色恐怖之下，稍稍違背國民黨政策者，輕則被捕下獄，嚴重者被槍殺的，比比皆是。

　　因此，針對 WCC 一案，反對者大多不敢公開表明；而偏向政府的教會領袖，則勢力龐大。[2] 1970 年 3 月 30 日在台南神學院召開台灣基督長老教會第 17 屆總會會議，由於政府當局強力要求總會退出 WCC，許多議員（牧師及代議長老）擔心會受到當局的特別「照顧」，不敢去參加會議。況且，因為 WCC 這個令人棘手的燙手山芋，更是沒有人敢擔任議長，所以該次會議因出席人數未達到法定要求，以致流會。

　　總會委員會很快就開會決定下回開會的日期及地點。為了此事，謝緯在當年 3 月 31 日的日記上寫道：「總會成立以來，最惡、最羞恥的場面，終於臨到。」他為了總會「流會」一事，自責不已，感慨萬千，「身為總會議長，真的是覺得自己一定要負起責任來。」這也使得已經任滿議長一年即將卸任的謝緯，只好「續任」到同年的 7 月底。

　　謝緯在他有生之年，維護了長老教會的主權與尊嚴，也以其堅定之信仰立場，保住了總會在 WCC 組織的席位。雖然，台灣基督長老教會總會最後抵不過政府的壓力，終於在謝緯去世

---

2 高俊明、高李麗珍口述，《十字架之路：高俊明牧師回憶錄》，頁 224。

之後，被迫退出了 WCC。而謝緯的日記只寫到 1970 年 4 月 17 日，所以，他遇難之前是否有來自當局的更大壓力之心理煎熬，不得而知。只知道，在下次會議前不久的 6 月 17 日，謝緯因車禍意外身亡了。

總會議長謝緯去世之後，由副議長高俊明暫代議長職務。同年 7 月 30 日假淡江中學召開總會年會二天，由高俊明主持會議。依照議程，WCC 的討論，排在較後面。高俊明原本準備屆時呼籲：「此事屬於信仰問題，我們是一個宗教團體，不能為了政治理由，受政治壓迫而退出 WCC。」他希望能清楚表白這個立場，但能否被接納，高俊明並無把握。

會議開始後，他恰好有重要的事，必須「離開議場」私下與別人商量，所以拜託副議長劉華義牧師代為主持。當高俊明一離場，馬上有人提臨時提議，要把後面議程中的「退出 WCC 案」提前討論。提議通過，於是立刻開始討論。當時偏國民黨的議員叫大家舉手贊同退出，他們極力表示目前教會的處境已經非常危險，若不退出後果將不堪設想。

案子就這樣快速通過了。當高俊明回到議場時，得知此案已經通過時，非常痛心，但已無力回天。他說：「那時候，我覺得政府實在善用一些奇奇怪怪的手段。」

於是，1970 年 7 月 30 日，台灣基督長老教會退出 WCC。直到 1980 年第 27 屆總會中才以 243 對 5 票通過重返普世教協（WCC）。

《謝緯日記》中有關處理 WCC 問題之始末

時間	記　　　　事
1969. 02.04.	上午就任總會議長。神用卑微的僕人（我）來擔當這個重大責任，在神面前誓約要盡力、盡心來負起這個責任，也要完成祂所交託給我的使命。
02.11.	我不是國民黨員，但是下午二點半到五點半受招待出席國民黨十全大會。對政治沒興趣的我，感覺這種會議沒甚麼意義，只是認識一些官員罷了。但也算是一種收穫，以後對整個台灣教會說不定也有幫助。
04.03.	政府當局託林義昌牧師告訴我，有官員想要見我。藉這機會彼此真誠的交談也不錯。因為以議長的立場代表全教會來發言，必須正確說明教會的立場，並以不造成教會的麻煩這方向來努力。
04.10.	擔任總會議長，行事應大膽而謹慎，最重要的，是不違背上帝與教會。無論我處理的結果如何，都應該貫徹正當的精神，不斷地禱告與反省，來負起作為政府與教會的橋樑這重任。求上帝賜我智慧與勇氣。
05.30.	林義昌牧師來訪，這是差不多該來的事，深刻地感覺到自己的重任。自己的決定，影響的不是只有自己而已，是會影響到基督教全體的。上帝啊！給我智慧和勇氣，使我不違背教界的權益又對國家盡忠誠。請引導我用充份的準備和冷靜的頭腦來處理事情，不誤大局。萬能的上帝！請讓我真實感受祢將我當作祢的工具，什麼都不怕，賜我走正當道路的勇氣。
06.26.	為了總會的會議而北上，連續二天要開會，但在我腦中浮現的是 WCC 的問題。差不多一個月前就開始祈禱上帝，指示我明確的道路，行為不得違背國家以及基督長老教會。現在政府認為 WCC 是親共的宗教團體，等我好好地研究之後，若發現 WCC 是親共的話，我們就違背了國策，是絕對不行的。但是，假使 WCC 是一種像聯合國那樣的國際性組織的話，我想提出主張，說明事實的真相。
06.27.	在見當局之前，先去孫理蓮牧師娘的家。在那裡她介紹很多人給我認識，綜合這些人的見解，才知道想使長老會脫離 WCC 的，確實是政府當局的意見。我想告訴當局我們會徹底弄清楚 WCC，若真的是容共團體的話，就不是我們的宗旨，我們便會退出 WCC。從就任議長開始，所擔心的事現在發生了。總會議長的立場萬一有錯，而導致全體皆錯的時候，只有自己挑起責任是無法解決的。請上帝賜我智慧與勇氣及力量。

07.15.	總會鍾茂成總幹事來拜訪我，商談有關 WCC 之事。看來退出 WCC 好像是情非得已，若真的決定退出的話，我的心境是痛苦的，擔心將教會引導至錯誤方向。但是，想到這和信仰的本質沒有關係，我的心裡就有點輕鬆了。儘可能想讓下一位議長來決定，但是又覺得等不到那時候。上帝，請指示我應該前往的方向。最後決定由總委小組來商議這個問題。
12.01.	今天本來該去埔里，但教會合作委員會要開會，只好延到明天才去。為了到台北美軍顧問團集合，找路找得很辛苦，一邊心臟通噗通噗地跳，一邊被憲兵用異樣的眼光看，而感到疑惑。好不容易找到了，果然是網羅了一流人物，包括雷法章氏、周聯華氏、王昇氏 [3] 等。在會中，為了避開 WCC 的敏感話題，我提出反共推行委員會 [4] 的事，意外地得到大家的共鳴而鬆了一口氣，使我覺得這趟來得有價值，感到我不孤單。
1970. 03.30.	召開第十七屆總會，要改選下一屆議長。依法規規定，各教會代表出來開會，如果沒有 340 位以上出席的話，總會會議就不能成立。今天大約不足 80 位左右，所以得等明天再看情形如何。

會議流會　續任議長

03.31.	結果，總會成立不起來而流會，有人憤慨、有人悲傷、也有人害怕。這是總會成立以來最羞恥的場面，自己的議長任期又延長了。總會委員會很快就開會決定下回開會的日期及地點。事態極為嚴重……，那是應該要反省和檢討的。總會機構要改正，應該要簡化、強化。許多問題（包括 WCC）都只是擱在那兒，實在是應該認真去思考，不得不去想解決之道。

---

3 王昇時任國防部總政治作戰部執行官。

4 根據《台灣基督長老教會第十七屆通常議會議事錄》記載，為了因應當時的情勢，謝緯擔任議長任內組成「反共推行委員會」，委員包括謝緯、張逢昌、陳哲宗、宋泉盛、蘇若蘭、鄭兒玉、謝貴、梁許春菊、鍾茂成，由謝緯擔任主任委員。1969 年 10 月 30 日舉行第一次會議，說明：「成立反共推行委員會的意義，乃是站在反共立場從事傳教事工，以盡中華民國國民的責任。」事實上，在同月稍早的 21 日，該委員會即已去函內政部，並附上「說明書」表明長老教會的立場，包括 (1) 關於匪區教會參加該組織的問題；(2)「總會報告書中提到牽匪混入聯合國」一事；(3) 經濟方面；(4) 正名問題；(5) 台灣基督長老教會在普世教協為會員教會，對我國家有無利益？還是見仁見智的問題……等七項。這個時候，長老教會尚未正式離開 WCC，仍然是其會員。

總會組成的牧師團，手扶著靈車送謝緯走完人生最後一程

一　休息是一種奢侈

　　謝緯有時拖著疲憊不堪的身體要出門時，關心他的夫人都會問他：「為何不多休息？」謝緯答說：「死了，就可以休息。」其長女婿汪清[1]醫師問他：「你的工作這麼多，你是憑什麼動力來完成它呢？」謝緯答道：

　　認識每一件工作的價值，再運用堅強的意志和信心來完成它。當上帝和你同在時，你便能做任何工作。

　　謝緯過世前的十年（1960-1970 年），他的工作量達到最高峰，也實在令人難以置信。估計這期間他一個禮拜之中所跑的醫療行程，包括南投、埔里、二林以及北門，至少四百公里以上。加上 1964 年以後又陸續擔任台中中會副議長、議長、總會副議長、議長等職務，必須時常外出開會，或處理教會相關事務。家

---

1 汪清（1942-）原籍屏東市，中國醫藥學院畢業。就讀醫學院時，常和謝緯一起跟診，亦曾在大同醫院幫忙看診。在南投市開設中心診所，曾任南投縣醫師公會第 16、17 屆理事長（1994-2000）。

謝緯伉儷。（1969 年）

人幾度要謝緯珍惜自己的身體、捨棄一些工作時，他卻說：

　　趁我還強壯有精神時，多做一些事。凡是珍惜生命的人，必喪失生命。

　　他就是這樣拚命似地工作著，往往一連好幾天每天工作十八個小時以上。雖然這樣，他竟然只要很少的食物和睡眠，就能夠保持充沛的精神，和堅強的意志。

　　每當他全心投入工作時，總是兩眼炯炯有神，彷彿放射出一股堅毅的力量，向世界宣告：**沒有任何外在的壓力可動搖我的信念**！因著謝緯這種對於工作的狂熱，他很少有自己的時間，「休息」對他而言，更是一種「奢侈」。

　　謝緯夫人就曾感慨地說：「難怪他會累垮了，縱使是鐵打的，也經不起這長久的精力透支啊！」

　　1966 年 1 月 20 日是除夕夜，大同醫院的員工都回去圍爐了，只剩下家人在吃團圓飯。但是，偶有患者來看診，謝緯就自己看，自己配藥。到了半夜十二點，有一個人來敲門請求往診。雖然已經很疲倦了，但是他認為這種時候會來求診的患者一定很嚴重，所以他趕快前去看診。

　　原來是位吐血的患者，他的家境非常貧窮，僅有母子二人相依為命。看診之後，謝緯表示不拿任何醫藥費，但是患者的鄰居卻堅持要幫他付，謝緯心想，給對方有行善的機會也不錯。所以，包括往診、打針三支和藥，只拿十塊錢，他覺得這是他那年所做的最後一件好事。1967 年 1 月 8 日他在日記上表示：

　　昨天晚上被叫起來三次看診，今天早上起床的時間比以往稍晚，差不多七點五分。所以趕快洗臉以便來得及參加早上七點的家庭禮拜。

　　像這種很冷的晚上被人叫起來二、三次，身體實在是很累。但是我還是要這麼做。若是因為自己的懶惰，本來應該可以被救的患者，讓他沒有時間可以被救的時候，我就覺得對不起這個患者。雖然很累，但也是要起來，若不這樣做的話，我對我的良心過不去。

　　時值中年的謝緯，因為常常超時工作，又少有充分休息的時間，同年 3 月 4 日才感覺自己的左胸部和胃部有時候會痛，健

康情形出現變化。身為醫生的謝緯自己診斷病狀，認為左胸疼痛可能是冠狀動脈硬化引起血管栓塞，或心肌梗塞。至於胃痛的原因，他自己懷疑是否罹患胃癌。

感覺身體不舒服，他想減輕工作量，但又不知何從減起。因此，他只有「準備心」，若上帝要召他回天家的話，他將樂意順從。

謝緯的行程排得很滿，難怪他在 1968 年 12 月 13 日的日記會思念「家」的溫馨：

從這個禮拜天開始都連續出門，四處奔走，很累。明天（星期六）終於可以在家裡，真是鬆一口氣。

還有，他在 1969 年的聖誕夜也說：

最近常常外出，這兩三天沒出外，使我感覺家庭是我最舒服、最溫暖的休息所。

由此可看出，即使長年各處奔波，溫暖的「家」在謝緯心中始終非常重要。

二　一分鐘的遺憾

　　1970 年 6 月 16 日晚上十一點多，謝緯正在北門烏腳病院為患者施行手術時，忽然接到二林基督教醫院急診室值班護士的電話，通知謝緯說二林有病人需要開刀。謝緯向對方表示，因為北門的手術要到半夜才會完成，所以他明天才能夠到二林。他吩咐護士先為患者打止痛藥，安撫一下病人的情緒，並為患者辦理住院手續。

　　謝緯回頭繼續為烏腳病患開刀，直到隔天（17 日，星期三）凌晨一點三十分，才離開北門趕回南投。當他到達南投時已是清晨四點了。謝緯稍事休息之後，在六點三十分寫一封信給總會副議長，高俊明牧師（1929-2019）。

　　在參與了七點的清晨家庭禮拜之後，他就前往埔里基督教醫院和肺病療養院巡視看診。十點四十分，謝緯的車子被發現停在潘啟揚內科診所門口，原來是過分疲勞的他在車內睡著了。潘啟揚醫師請他入內休息，他說不用，因為要回南投了。與潘醫師話別過後，中午時分他回到南投大同醫院，接替夫人楊瓊英看診。吃過午飯，便回房小睡片刻。

　　但不到一會兒，夫人即訝異地看到謝緯從床上一躍而起，尚是睡眼惺忪，卻已經邊走邊穿著襪子，狀似「金雞獨立」。謝緯急著要出門，夫人見狀，不捨地勸他稍微多休息一下，並關心地問道：「你才從埔里回來不久，休息還不到十分鐘又要出去了，這樣子不會太累嗎？」謝緯答說：

　　不會的。我必須二點到二林。我如果慢一分鐘到醫院，病患們便多痛苦一分鐘，我不能讓病人多受一分鐘痛苦。若是我能早一點到的話，甚至可以多救一條生命！

　　一向很有責任感的謝緯，又告訴太太說，那天到二林看完病患後，將到彰化去，有人要請他吃晚飯，[2] 所以可能遲一些回來。一點三十分，不願勞煩他人的謝緯，親自開著好友出借的德國國民車 [3] 前往二林。

---

2 6 月 17 日當天，彰化縣醫師公會（1950 年 12 月 3 日成立）理事長王耀南博士，預定宴請蘭大弼醫生與謝緯，由蔡陽昆作陪。因為王耀南非常敬佩謝緯對於二林的貢獻，認為謝緯雖然不是派至海外之傳教師，然而他在沒有任何報酬之下，特地從南投縣來到彰化縣的醫院做醫療傳道的工作，其犧牲奉獻的精神有如蘭醫生從英國來彰化服務一樣。

3 為了醫療行程之需，孫理蓮除了購置一部紅色的吉普車給埔里基督教醫院，供謝緯往返南投與埔里山地使用之外，還負責其至北門免費診所義診的計程車費用，謝緯到二林看診的交通工具則自行負責。至於其發生車禍時所駕駛的那一部福斯（Volkswagen）金龜車，是竹山鎮楊昭璧醫師的女兒楊美惠有感於謝緯忙於四處行醫，又自己沒有車子，而主動借與謝緯使用的。

三　劃上人生休止符

　　下午兩點多鐘，正在大同醫院協助看診的汪清醫師，突然看到有二位警察進來，不發一語地站在診療桌前面。約莫過了十秒鐘，其中一名神情肅穆且沉重地遞上一張小紙條，說：「這是名間派出所打來的電話筆錄，你們趕快去現場處理！」汪清一看，上面寫著斗大的十個字：「大同醫院院長謝緯身亡。」

　　這彷彿是晴天霹靂，重重地打在他身上，回想著剛剛自己才目送謝緯出門，汪清一時不知如何是好。他不敢驚動正在客廳裡看書的謝緯夫人，立刻私下找黃天寶與謝載烈同往車禍現場。

　　謝緯在名間鄉發生車禍的消息，很快地就傳回十公里外的南投鎮。大同醫院隔壁的一位阿婆，跑去問楊瓊英：「聽說阿緯先生的車子發生事故？」一臉狐疑的楊瓊英問說：「真的嗎？」周遭的空氣開始變得很沉重，一種不祥的預兆湧上心頭，雖然不知道這則消息是否真實，楊瓊英眉頭緊縮，馬上請人帶她去現場。

　　由於不清楚車禍發生的確切地點，心焦如焚的楊瓊英坐在摩托車上，沿著道路兩旁四處搜尋，卻仍不見車子蹤跡，也沒發現任何車禍事件。她一路上禱告著說：「上帝啊！求你保守阿緯，

留他的活命。他若因為車禍而斷了手腳，我願意照顧、幫助他一輩子……」

到了名間派出所，聽了警方的說明之後，她即飛奔地趕到現場，卻發現早已天人永隔。楊瓊英捶胸頓足，不敢相信眼前所看到的一切。

她問上帝：「怎會如此？我無法理解！」

謝緯在下午一點五十五分於名間鄉往二水的公路上，意外撞到對向的路樹而車禍身亡，結束了他五十五年的歲月。他死的時候，身體很完整，好像安然酣睡，沒有流血；沒有他人在車內傷亡；他的車子也沒有撞及路人傷及無辜。小轎車撞在左側路邊，左邊車門開著，謝緯坐在駕駛座裡，頭和肩膀斜出車外，被發現時，他已斷了氣。

雖然楊瓊英懇切地哀求能靠近探視謝緯，但警方人員卻無情地極力勸阻，一直等到照相檢驗之後，才把遺體搬移到另一棵大樹下，這時她才獲准接近謝緯。楊瓊英拿出手帕擦拭著他的臉，自己也淚流滿面，她斷斷續續、無力地嘆息：

啊……你！真可憐，真可憐了！沒有一點點休息。我若不讓你出來就好了，我若阻擋你開車就好了，但是你卻那麼喜歡自己開車。緯チャン！你看了沒有？你看啊！你的朋友嘉材醫師和天樞醫師他們都來看你了，你知道嗎……

　　她柔腸寸斷，哀痛欲絕！由於謝緯過世的噩耗很快傳遍南投鎮的大街小巷，遐邇震驚，眾人皆同聲惋惜。

　　許多人得知此一消息，立刻放下手邊的工作，前往現場關心。人與車越來越多，不久，忽然天昏地暗，下了場大雨。有一位計程車司機主動表示，因為他非常尊敬謝緯，所以願意載運他的遺體回南投。

　　回程途中，街上擠滿了前來關心的人們，但是大家都是愁容滿面，黯然無言。當計程車到達大同醫院門口時，車門一打開，眾人馬上合力把他的遺體抬進屋裡。

四 告別阿緯先

謝緯創辦了二林基督教醫院，最後卻也因為要趕往二林為病人開刀而喪生途中。要如何為謝緯辦理告別儀式，各方皆極力爭取，爭執很久。

於情義上，謝緯為二基醫院貢獻甚大，又因前往該院而意外身亡，二基希望舉行「院葬」；而他曾擔任台中中會議長，因此台中中會主張「中會葬」；他出身南投，又是南投教會的牧師，因此，南投教會全體長執、會友以及家族希望「教會葬」；台灣基督長老教會總會則以謝緯當時是總會議長任內因公殉職的，所以應該要舉辦「總會葬」。

為了和平解決此事，最後由謝緯胞弟謝綸出面協調，以「體會故人生前為人心意」（處理事情以圓滿為原則）而讓步給總會。於是以「總會葬」儀式送別謝緯。

6月22日（星期一）下午一時整，假南投鎮中山街39號南投基督長老教會隆重舉行告別禮拜，由總會副議長高俊明牧師以「息勞歸天」為題證道，堅定而有力地說：

左：高俊明牧師在告別禮拜中證道。
右：侯全成委員致詞

　　上帝既然要息了謝緯牧師在世的勞苦重擔，自有祂的美意，上帝是要謝牧師早些回歸天家，安享天國的福分，也要世人多多效法謝牧師的愛神愛人的精神，以得世人的崇敬和迎接天國的榮耀。

　　謝牧師雖然離我們而去，但那只是短暫的離別。我們今天少了一位可敬可愛的謝牧師，但願能出來更多位學他、像他的謝牧師——台灣的史懷哲。

　　來參加告別式的，有政府首長、天主教及基督教等各教派牧者、長老教會總會全體幹事、各中會議長、總委、中委、幹事以及親朋戚友等多達三千餘人。出殯的行列，更是引人注目。平時

《台灣教會公報》第 1058 期，1970 年
7 月。

車輛很少的南投街上，從每一條街道望去，都大排長龍。

因出殯行列太長，交通憲警出動大批人馬維持交通。路邊
及走廊擠滿了人群，有站著的、跪著的，甚至也有哭倒在地的。
「痛失英才」、「英年早逝」、「哲人已遠」道出人們對謝緯最終的
懷念與不捨。謝緯之岳父楊雲龍以輓聯追悼其乘龍快婿：

　謝 神救恩效主犧牲 克盡忠牧殉使命
　緯 世頹風仁心惠眾 發揚醫德立標竿

　《台灣教會公報》亦以頭版刊出「總會議長謝緯牧師因公殉
職」，並附輓聯：

　謝 無怨言忠誠善牧務為公
　緯 有古道盡職良師痛急逝

　謝緯去世之前，曾於 1970 年 6 月 12 日以總會議長身分，由

夫人陪同到台南市主持台南神學院的畢業典禮。會後，他放棄台南神學院的聚餐，而至市內位於民權路之楊雲龍眼科醫院岳父家吃午餐。短暫的聚餐之後，和夫人一起驅車至市府路，探望妹妹謝瑤，再往南高雄縣岡山鎮，拜訪大姊謝瓊。

　　這是否意會到自己不久即將「遇難」，而先行與遠在南部的親人告別？是一個問號，也值得思考與玩味。

謝緯最愛的一首聖詩

〈我的生命獻給祢〉（台語）

我的生命獻給祢，做祢路用到一世，

時刻冥日獻給主，歸榮光祢萬年久。

我的手愛你命令，為著我主做差用，

我腳亦愛為祢獻，常常替你行不倦。

我的聲音給祢用，歡喜讚美主無停，

我獻口唇來振動，播傳福音來救人。

我的錢銀獻給祢，用出攏趁祢旨意，

我的才情祢賞賜，甘願還祢做器具。

我的愛疼求主助，愛祢贏過此世間，

今我立志獻自己，永永專專歸與祢。

1 教堂內的追思禮拜。
2 教堂外參加追思禮拜的國內外來賓。
3 維持交通秩序的警察。
4 南投教會鍾瑞能牧師（十字架右）引導送葬行列。
5 南投教會聖歌隊指揮林榮章（左一）帶領全體隊員沿路吟唱聖詩。

1	
2	3
4	5

1 左起：次女慧禎、長女慧華、孫理蓮、楊瓊英、次子怜駕、長
　子怜羣。

2 總會組成的牧師團，手扶著靈車送謝緯走完人生最後一程

1 謝緯駕車失事當天所穿的上衣。
2 謝緯遺體葬於南投市郊「謝斌親族墓園」，墓碑的正面。
3 謝緯遺體葬於南投市郊「謝斌親族墓園」，墓碑的背面。
4 謝緯失事當天所穿的西裝褲。現存放於「基督長老教會暨學校史料館」。(長榮高中校內)
5 陪伴著謝緯到處奔波看診的公事包，沒了主人，孤單地留在埔里基督教醫院「偏遠醫療宣教歷史見證文化館」中。這只公事包是謝緯50歲時，其岳父楊雲龍醫師送給他的生日禮物。直到謝緯別世30年之後，楊瓊英醫師要將之捐出時才打開看。公事包中存有總會議長名片一盒、國小三年級時的家庭聯絡簿、1949年南投教會的聘書、封立牧師時70位教界代表的簽名簿、40位貧窮肺結核病患的請求連署書等。

1 | 2 | 3
4 | 5

後記　**從謝緯死因，再探轉型正義的時代意涵**

　　走筆至此，在寫完《甘願做憨人：良醫牧師謝緯的醫療交響曲》的當下，我再次回顧謝緯，他為了救治病患，不分晝夜，上山下海，四處奔波的情景，心中感佩萬分，無限感謝台灣有這麼一位良醫善牧。

　　當書寫到他在處理 WCC 事件期間「意外」身亡時，我的心情卻突然直轉急下，悲憤難耐，思緒極為沉重又錯綜複雜。心中納悶著：過去台灣在黨國體制下，果真容不下這麼一位好人、一位好醫生？謝緯的車禍身亡，難道就應該像早年其他人遭政治迫害，而離奇失蹤、身亡，甚至成為歷史「懸案」？這種感覺，從 2008 年我在撰寫碩士論文時，即存疑至今。

　　直到九年後的 2017 年，欣見學者也對謝緯死因，提出挑戰性的疑問。曾慶豹教授在濟南教會舉行其著作《約瑟和他的兄弟們》的新書發表座談會上，簡報即以謝緯身亡時所穿的衣服為景，並標示其遇難的日期（1970/6/17）。開場白即說，根據多方史料研究，1970 年時任「台灣基督長老教會總會議長」謝緯牧師駕車撞樹身亡一案，恐非意外，而是「台灣教會史上的一件血

曾慶豹教授的講座簡報。（陳金興攝於 2017.02.19）

衣」！暗指謝緯的死因，並不單純。

多年來，隨著「轉型正義」風潮普及，公民社會意識漸漸復甦，民間多方要求政府，需將塵封數十年的所謂「機密檔案」解封，公諸於世，以供各單位或個人作為學術研究之用。因而近年來多篇相關研究論文與報導，紛紛出籠，包括謝緯的研究。

其中，學者王昭文指出：「國民黨政府逼迫長老教會退出 WCC（普世教會協會）事件，在總會的年議會自 1970 年至 1972 年相關檔案沒有看到，這實在啟人疑竇。」（2023 年 9 月）

這些檔案包括 1970 年謝緯意外車禍身亡；1971 年台灣退出聯合國，長老教會發表「國是聲明與建議」（簡稱國是聲明）；1972 年台日斷交檔案等。其中「1970 年的相關檔案」可推測的是，謝緯當議長期間被國安單位監控的檔案，給「銷聲匿跡」了。

台灣基督長老教會歷史檔案館主任盧啟明牧師也親述：「父親牧師盧世昌於 1988 年駐任澎湖啟明教會時，因為關心美麗島

事件、緬懷二二八事件、教唱台灣歷史歌謠等，被情治單位視為『逾越傳教之不當言論』，而被抹成統戰、台獨、分離、叛亂分子。」（2023 年 12 月）這是黨國特務長期監控的日常，尤其針對當年長老教會的多名牧師，盧世昌只是其一，和謝緯類似。

　　所以，長久以來，一般民眾心中仍然多多少少存有一個「小警總」。雖然，幾乎沒有人會再探討謝緯的死因，但也有極少數人以「沒有證據，不能隨便說」為由，而非議各方對於謝緯死因的探討。殊不知，時空環境已今非昔比，「民主社會就是可以容納多元」。因此，任何議題都可以討論或評論，無論贊成與否，都應該互相包容，並得到相對的尊重。

　　台灣自 1947 年的「二二八事件」之後，緊接著又是長年的「白色恐怖」戒嚴時期，這期間除了謝緯之外，還有數不清的冤案。人民有知的權利，政府有責任還給人民真相，真相雖然很殘酷，但總要有勇氣去面對，還給罹難者、受迫害者，及其家屬一個「遲來的正義」，以落實轉型正義的時代意涵。

附錄 一 謝緯年表

西元	年齡	大 事 記	備 註
1916.03.02.	1	謝緯出生於台中州南投郡南投街三塊厝南投 426。	大正 5 年
1922.03.	7	就讀南投公學校。	今南投國小
1924	9	決志奉獻給神。	
1928.03.	13	就讀州立台中一中。	昭和 3 年
1933.03.01.	18	台中一中畢業。	中學學制為五年
1934.04.	19	進入台南神學校就讀。	
1938.03.19.	23	台南神學院畢業。赴日習醫。	
1939.06.01.		通過「選拔試驗」進入東京醫學專門學校就讀。	
1942.09.23.	27	東京醫學專門學校畢業。	
12.21.		回台協助大同醫院看診。	

1943.12.	28	再度赴日。	
1945.11.17.		在日本與楊瓊英結婚。	民國34年
1946.04.24.	31	偕楊瓊英自日返台，在南投行醫。	
1947.09.	32	擔任赤水教會義務傳道三年。	
1949.02.28.	34	受封立為南投教會牧師，受聘為副牧師。	至1970年去世為止
1950.10.	35	參加門諾會山地巡迴醫療工作。	
1951.10.10.	36	啟程至美國進修外科手術。	
1953.12.14.	38	孫理蓮到美國水牛城邀請在埔里籌設一個包括醫院的基督教中心。	
1954.04.18.	39	向鮑伯‧馮雷醫師（Bob Finley）提及在台灣興建肺病療養院，並開始向各教會及團體募款。	
07.24.		第三次於加州舊金山奧克蘭「柏克萊第一長老教會」講述台灣醫療狀況。感動瑪喜樂夫人來台服務。	07.01.離開紐約州
1956.01.16.	41	基督教山地中心診所舉行開幕典禮。兼任首任院長。	埔里基督教醫院前身
01.26.		創辦第一所私人基督教肺病療養院。	大湳山地療養院
1957.08.02.	42	「基督教肺病療養院門診部」開幕，黃珠心為主治醫師。	

1958.02.	43	開辦埔里基督教醫院附設護理學校。兼任義務講師。	1973 年停辦
1960.05.23.	45	芥菜種會開辦「北門免費診所」。每周四去義務看診,並未烏腳病患手術。	
07.03.		第二所基督教肺病療養院落成。	大湳平地療養院
06.18.		對烏腳病患者王品施行開刀,為免費診所第一次手術。	
1961.06.06.	46	擔任中中醫療團主席。	
1962.06.24.	47	埔里基督教山地醫院獻院典禮。	埔里基督教醫院前身
1964.01.20.	49	被選為第 34 屆台中中會副議長。	未出席會議
11.03.		二林基督教醫院開幕典禮。 兼任外科醫師義診。	
1965.04.08.	50	至日本進修外科手術。	07.28. 返台
1966.01.12.	51	被選為第 36 屆台中中會議長。	未出席會議
1968.02.11.	53	受推選為台灣基督教長老教會總會第 15 屆副議長。	未出席會議
1969.02.03.	54	受推選擔任台灣基督教長老教會總會第 16 屆議長。	未出席會議
08.29.		南投教會設教六十週年講道。	

1970.	55	代理彰化基督教醫院董事長。	
02.02.		請辭兼任埔基院長之職務。	
05.23.		北門烏腳病免費診所舉行十週年感恩禮拜，證道：「為主成做戇人」。	謝緯「甘願做戇人」的由來
06.12.		以總會議長身分參加台南神學院畢業典禮	
06.17.		從南投開車前往二林途中車禍身亡。	
06.22.		於南投教會舉行「總會葬」。	
1992.01.17.		榮獲中華民國第二屆醫療奉獻獎。（追贈特別奉獻獎），由夫人楊瓊英醫師代表領獎。	

製表：陳金興

附錄
二

愛，永不止息——楊瓊英小傳[1]

　　百歲人瑞楊瓊英，出生於日治時代台灣醫生家庭，是信仰前
輩的後裔。在台完成小學教育之後，負笈東瀛，就讀中學與醫學
院。二次大戰結束，與謝緯結婚，並自日返台，一起行醫。

　　50 歲時，其夫不幸車禍罹難，守寡五十一年，扶養二女二
男長大，成家立業。她雖然有半生的時間失去美好伴侶，但其堅
忍的生活意志，以及持守基督的信仰，展現豐沛的生命力，堪稱
基督徒的典範。

✦ 醫生之家，信仰之後

　　楊瓊英（1921-2022）的父親楊雲龍（1892-1974），日治時代
台南州新豐郡仁德庄人。12 歲時皈依基督。1920 年「台灣總督
府醫學校」（今國立台灣大學醫學院）畢業之後，由英籍宣教師
萬真珠姑娘（Miss Margaret Barnett）介紹到「英立彰化基督教醫

---

1 原標題〈愛，永不止息——楊瓊英〉，刊於〈新使者〉雜誌，第 187 期，2022 年 12 月。

楊雲龍全家福。前排左一：吳順規；中：楊瓊珍；右一：楊瓊英。後排左一：楊雲龍；左二：楊瓊音；左三：楊瓊姿；右一：楊東傑。（汪清提供）

院」（今彰化基督教醫院），跟隨蘭大衛醫生（David Landsborouh III）學習醫術，並與台灣早期傳道人吳葛的五女吳順規（1896-1987）結婚。

1921 年楊雲龍到台中州清水街（今台中市清水區）短暫開業。1922 年回到台南州鹽水街（今台南市鹽水區）懸壺濟世。1929 年，前往台北「日本赤十字社台灣支部病院」（今台北市立中興醫院前身）進行二年的眼科醫學研究。1931 年舉家搬至府城台南，隔年在本町（今台南市中西區民權路）開設「楊眼科醫院」，任院長。全家在「太平境馬雅各紀念教會」聚會，楊雲龍與吳順規夫婦擔任該教會長老多年。

1936 年 1 月楊雲龍就任新樓醫院第一位台籍院長，並開設產婆研習所。1947 年曾擔任台南市「二二八事件處理委員會」會

計主任，該委員會遭解散之後，無故遭國府軍羅織「參加偽處理會暴動」罪名逮捕，被羈押在牢裡，服了四十九天冤獄後釋回。

　　1964 年二林基督教醫院成立時，謝緯邀請年已 72 歲的岳父楊雲龍將其醫師籍由台南市遷至彰化縣，以申請醫院營業執照，並委請其暫時擔任二林基督教醫院院長。

　　楊瓊英的母親吳順規，阿猴廳（今屏東縣）東港人，台灣早期傳道人吳葛（1854-1901）與妻邱銀（1860-1931）之五女，台北州立台北第三高等女學校（今台北市立中山女子高級中學）畢業後，曾任屏東的國小教師。24 歲與楊雲龍結婚，相夫教子，其子女依序為長女楊瓊英（夫謝緯）、長男楊東傑（1923-2022，妻張碧香）、次女楊瓊姿（夫吳溪湖）、三女楊瓊音（夫高銓煙）、四女楊瓊珍（夫張德香）。

　　吳順規熱心教會事務，於 1932 年即任太平境教會執事，1944 年受選為長老多年。其任內特別致力於女宣及教會幼稚園事工的推動與成長。

✦ 相知相惜，結為連理

　　1921 年 11 月 21 日楊瓊英出生台中州清水街。1922 年，隨著父母遷往台南州鹽水街。1928 年 3 月自「台灣公立臺南州鹽水幼稚園」畢業，進入「鹽水公學校」就讀，1931 年再搬至府城（台南市），轉入「末廣公學校」（今台南市進學國小）。同時，

也參加「太平境馬雅各紀念教會」的主日學。

楊瓊英於 1933 年自公學校畢業後，就到日本就讀中學（位於神奈川的「惠泉女學園」）。1937 年（16 歲）時，她從日本回到台灣，在台南太平境教會受洗。1939 年中學畢業，考進「東京女子醫學專門學校」（今東京女子醫科大學）就讀，住在學校宿舍，1943 年畢業。

謝緯（1916-1970）的母親吳上忍（1889-1963）為楊瓊英母親吳順規的三姊，1911 年與南投鎮（今南投市）的醫師謝斌（1886-1943）結婚。楊瓊英從小就認識大他五歲的表哥謝緯，小時候也曾與媽媽到過南投，拜訪三姨一家人。在台闊別多年之後，楊瓊英與謝緯在一次東京的赴日家族聚會中相遇，彼此都留下美好印象。從此，他倆彼此分享意見，互相勉勵，進而交往，從相知到相愛。

1945 年 11 月 17 日楊瓊英與謝緯攜手走向地毯的那一端，由牧師中江英樹（即汪培英，吳葛的大女兒吳上

就讀東京女子醫專時的楊瓊英。（謝慧華提供）

愛之夫。）證婚，在日本靜岡縣松崎町結為連理。1946 年 4 月，
皆為醫生的一對新婚夫妻，懷著滿腔抱負與理想，回到了謝緯的
故鄉南投（鎮）。

　　楊瓊英進入謝家，在大家族中開始她的新生活，也在夫家
「大同醫院」投入看診工作。謝緯主外科，楊瓊英看內科、小兒
科及婦產科。相較於楊瓊英的故鄉府城台南以及在日本求學時期
的東京，當時的南投，真是個偏鄉小鎮，諸多因城鄉差距所造成
的文化差異，包括生活習慣與思考方式，得花時間慢慢磨合與適
應。

◆ 謝緯事業，瓊英幫手

　　然而，婚後不久，謝緯的醫療宣教行程，卻變得極為緊湊。
除了南投自家的大同醫院之外，他每個禮拜又安排不同時段，上
山下海，風塵僕僕地趕往中、南部許多地方義診。

　　在「埔里基督教醫院」及南投山區原鄉部落，看得到他的
足跡；台南縣「北門憐憫之門免費診所」有他匆忙的行腳；彰化
縣「二林基督教醫院」更是他「一生懸命」的地方。謝緯受選為
「台灣基督長老教會」總會議長時，必須主持會議；又是南投教
會牧師，也要講道。他一人分飾多角，早出晚歸，很少在家，橫
跨醫療與教會場域，直到生命的最後一口氣。

　　在結婚之前，楊瓊英與謝緯都想以「醫療事奉上帝」做為人

謝緯夫人楊瓊英從幼稚園、小學，到日本東京念書，及至返台在
南投大同醫院當醫生的這些照片，是首次公諸大眾的珍貴史料。
楊瓊英的晚年生活，多采多姿，散發生命的熱力，溫暖周邊的
人。她常親自參加許多有關紀念謝緯的諸多活動，好似與先生謝
緯共同出席一樣，儼然成了謝緯的分身，令人留下深刻印象。

謝緯獲追贈第二屆醫療奉獻獎，由夫人楊瓊英代為受獎。（1992 年）

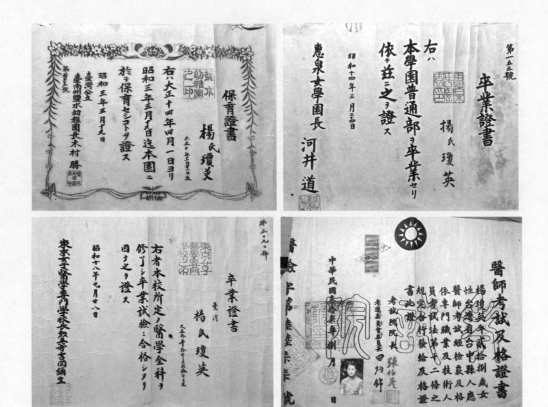

1 楊瓊英鹽水幼稚園畢業證書。（1928 年）
2 楊瓊英惠泉女學園（女子中學）畢業證書。（1939 年）
3 楊瓊英東京女子醫專畢業證書。（1943 年）
4 楊瓊英醫師考試及格證書。（1948 年）

1	2
3	4

1 陳金興（右一）拜訪楊瓊英（中）及謝慧華（左）。（2010.05）

2 二林喜樂保育院。此為瑪喜樂生前所居住的宿舍。左起：楊瓊英、林
　玉嫦、陳金興。（2012 年）

3 在南投市舉行謝緯百歲紀念活動之一「謝緯愛吟詩」。左起：楊瓊
　英、陳金興、詹賜貳。（2016.06.12）

1 二基醫院成立謝緯社會服務關懷協會。來賓席前排左起詹賜貳、舒度·大達、郭守仁、楊瓊英、陳信良、莊萬壽、陳金興。前排左一：二基戴慧婷。（2016年）

2 謝緯百歲紀念感恩禮拜。前排左起：林庭樂、鄭仰恩、舒度·大達、楊瓊英、陳信良、周哲卿、陳金興。（2016.11.26）

1 楊瓊英（左五）親至台灣基督長老教會總會關心謝緯紀念營地日
益蕭條的狀況。左起：鄭英兒、林家宏、陳金興、謝慧華。楊瓊
英、蔡南信、李信仁、林育生。（2018.11.09）
2 楊瓊英接受民視新聞台《台灣演義》節目的專訪。（2018.06.24）

1 楊瓊英（左四）由長女謝慧華（左二）及陳金興（中）陪同到台南
參觀「謝緯牧師醫師別世 50 週年紀念展。左一：沈雅萍；左三：
楊瓊珍；右四：盧啟明。（2020.11.04）

2 盧啟明（左一）與陳金興（右一）到南投市拜訪楊瓊英醫師。（2020）

1 四代同堂的晚年生活。左二：汪清、左三：楊瓊英、右二：謝慧華

2 楊瓊英醫師（中）親訪陳金興住宅。（2012年）

3 雖然身體狀況不佳，還是很高興得到訪客的關心。前排左起：盧
俊義牧師娘、楊瓊英、陳金興。後排起：盧俊義、謝慧華、沈雅
萍。（2021.11.06）

《標竿雜誌》（Guideposts）刊登謝緯醫師的文章〈在所不辭〉。（1969 年 11 月）

生的共同目標。楊瓊英本來
也曾答應過謝緯，婚後為了
要專心照顧家庭、教育孩子
及服事教會，她可以放棄醫
學。而此時，事實與理想有
了落差，楊瓊英意識到謝緯
的工作量，與日俱增，鮮有
休息。她體諒丈夫的辛勞，
遂決定出來看診，以讓謝緯
無後顧之憂，進而維持三個
家族的生計。

楊瓊英與謝緯。（汪清提供）

　　長年以來，楊瓊英一直
堅強地扮演著妻子、醫師、醫師娘、牧師娘、媳婦、長老及母
親的多重角色。在艱難的環境中，她展現了台灣女性那種「堅
韌」（tough）的特質，扛下了醫院及家庭的重擔，包括照顧孩子
們的學校功課，以及年老婆婆的生活起居。1963 年，楊瓊英（42
歲），謝緯的大哥謝經與母親吳上忍相繼過世。她的生活與工作
壓力日益加重。幸賴當時謝緯胞弟謝綸及其他親戚的協助之下，
楊瓊英度過了難關。

　　謝緯與楊瓊英結婚，共同生活的 25 年當中，兩人以信仰為
基石，互相扶持，分工合作；彼此照應，共同承擔。楊瓊英這位
在背後默默地支撐的好牽手，是謝緯從事各項事工時，不可或忘

的精神支柱，更是無法磨滅的無名英雄。

◆ 堅毅轉身，息勞盡程

　　1970 年 6 月 17 日，謝緯因為自行開車從南投趕往二林救治病患途中，發生車禍而蒙主恩召。謝緯的意外驟逝，宛如晴天霹靂。這突如其來的不幸事件，使得楊瓊英頓失依靠，哀痛逾恆，無心工作，也幾乎沒有了生活重心。但是，為了繼續扶養四位小孩長大成人，她沒有懷憂喪志的權利，只有面對與解決問題的義務。楊瓊英堅強地活了下去。

左：南投教會前後任牧師娘。第一任吳天賜牧師娘梁讚美（中）；第二任謝緯牧師娘楊瓊英（右）；第三任謝天祿牧師娘陳美玉（左）。
右：謝緯紀念營地為楊瓊英慶生。

　　看到這種經歷中年喪夫之痛的哀傷情景，在美國的表妹遂建議她暫時離開傷心地南投，免得觸景傷情。於是，楊瓊英在 1972 年（51 歲）申請移民美國。她先在東岸紐約調養身心，幾年後搬到西岸加州佛立蒙（Fremont）地區，與兩個兒子同住，並在該地之教會禮拜，參加各項教會活動。

　　在謝緯離世幾年之後的楊瓊英，靠著信仰的力量，勤讀聖經，迫切禱告，重新得力。另一方面，雖然美國、台灣兩地的距離遙遠，卻阻隔不了她對故鄉的思念，每年都會回台小住一段時間，與親人及南投教會會友相聚。因此，自 1976 年起，楊瓊英擔任南投教會執事，1981 年（60 歲）受選為長老，在台期間，她亦盡心於教會服事。

　　樂於救人與助人的楊瓊英，經過幾年的心理療癒之後，除了南投教會的服事之外，他也重燃服務社會的熱忱，重新拾起聽診器，在女婿汪清醫師於南投所開設的「中心診所」幫忙看診（1977）。當遇到貧窮弱勢家庭的患者時，她與謝緯一樣，善待病人，免費施療。及至 1991 年（70 歲），楊瓊英卸任南投教會長老，也同時卸下醫師白袍，正式從職場上退休。但是，她的晚年生活，多采多姿，散發生命的熱力，溫暖周邊的人。她明瞭如何留住生命美好的時光。

　　退休之後，雖然年事漸高，但為了陪伴子女親人，楊瓊英一樣每年在美國、台灣兩地之間奔走三十多年。直到 2015 年（94 歲）回台定居南投市，由長女慧華及女婿汪清照顧。

　　雖然已逾 90 高齡，在台灣的時候，仍常去關心埔里「謝緯紀念營地」，並由女兒慧華陪伴，常親自參加許多有關紀念謝緯的諸多活動，好似與謝緯共同出席一樣，儼然成了謝緯的分身。如 2012 年二基醫院的「謝緯紀念醫療大樓落成禮拜」、2016 年（95 歲）在台北、南投、彰基等地連續幾場的「謝緯百歲記念活動」、2018 年（97 歲）接受民視台灣演義節目《謝緯與埔基》的採訪、2020 年（99 歲）前往教會歷史檔案館（位於台南神學院）參加「謝緯牧師 / 醫師別世 50 週年記念展」…。

　　其精神奕奕，身手矯健的身影；和藹可親，笑容可掬的談吐，常令人留下深刻印象。2021 年 10 月之後，身體狀況逐漸不穩定，於 2022 年 2 月 10 日安息主懷，旅世 101 載。

　　主賜嵩壽，福與天齊；
　　恩典豐收，永恆回憶。

待解疑雲：謝緯死因之謎 [2]

合理懷疑，是追求真理之必要。

——莊萬壽

曾慶豹教授在《台灣教會公報》第 3284 期（2015 年 2 月 2 日至 2 月 8 日）19 頁〈約瑟和他的弟兄們：被迫與普世教會分離〉一文中探討〈教會合一運動被指控為親共與容共行為〉時指出：

……但是問題就在於，退出普世教協的案子只要一天在謝緯任內沒有塵埃落定，他也是寢食難安。謝緯的日記只寫到 4 月 17 日，6 月 17 日他即發生車禍身亡了。

面對當時巨大的壓力，謝緯正如他自己所說的：「死了，就可以休息。」他的死，自然卸下了他議長一職的身分，當然也就不需要再去面對退出普世教協與否的燙手山芋。謝緯的死，帶走了所有的悲傷，同時也帶來了平靜，很快地，退出普世教

2 原標題〈45 年的懸案：謝緯死因之迷〉，刊於《民報》，2015 年 2 月 25 日。

協的案子 7 月 30 日在代議長高俊明的主持之下通過了。……

◆ 謎團疑雲

　　1970 年 6 月 17 日下午，兼具牧師與醫師身分的謝緯，自行駕車從南投鎮大同醫院欲趕往二林基督教醫院為急診患者開刀時，在名間鄉意外撞樹而身亡的時候，街坊鄰里即議論紛紛，並流傳諸多不同的「猜測」。

　　據一般的說法，皆以謝緯因工作繁忙，疲勞過度，睡眠不足所致（前一晚在北門為烏腳病患開刀，回到南投家中已是 6 月 17 日清晨四點）；或謂謝緯乃心臟病突發（心肌梗塞）致命。當然，謝緯生前的身體狀況，其血壓偏高、心臟有些問題是不爭的事實。

　　但是，謝緯的死因，筆者認為仍是一個「謎」。台灣雖「解嚴」至今二十八年，但是，對於謝緯遭當時國民黨的政治暗殺（political assassination，Yoshihisa Amae〔天江喜久〕，2007）之「可能性」，礙於事發當時的「白色恐怖」氣氛，包括謝緯之親朋好友，皆避口不談，噤若寒蟬，都三緘其口，非常低調。

　　筆者在撰寫碩士論文〈謝緯與台灣醫療宣教〉時，曾與謝緯夫人楊瓊英醫師提起謝緯死因之探討，她也不想把問題擴大解釋。經筆者向她說明這些存疑之處，值得用另外的角度去研究之後，她才笑笑說：「那我沒有意見。」（2008）

✦ 退出 WCC 事件

　　謝緯在擔任總會議長之前一年（1968），地方人士與國民黨南投縣黨部曾有意徵召謝緯出來競選南投縣長一職，且願全力支持。亦即，謝緯如果願意出來選的話，國民黨就不推出人選與之競爭。以其在地方名望之高，尤其在埔里為原住民的服務與貢獻，票源豐富，絕對會當選。

　　然而，對於政治（包括教會政治）不感興趣的謝緯，對於選舉，在日記中記錄了如下的看法：

　　晚上政客滿廳，覺得很煩。選舉消耗很多物質和精神，覺得很傻，現代選舉的風氣要改才可以。外面選舉的氣氛很熱烈，為了什麼大家那麼打拚？為了名譽還是為了什麼？但是我要明白來看我應該要走的路，我要走我應該走的路。

　　……我確信我走的路一定是比較有價值、正直的路，所以，周圍在引誘我，要我出來選舉時，我都不會遲疑地就拒絕了。（1968 年 1 月 17 日）

　　可是，「甘願做戇人」的謝緯，卻在沒有出席會議的情形之下，於 1969 年 2 月 3 日，無意中「被強拉出來」（鄭兒玉言）擔任台灣基督長老教會總會第 16 屆議長。

　　接著，謝緯就遇到一連串政府逼迫長老教會退出「普世教

協」（WCC）事件。他為了維護長老教會的主權與尊嚴，與國民黨政府周旋多時，並以堅定之信仰立場，保住了總會在 WCC 組織的席位。

擔任議長不到半年的謝緯，於 1969 年 6 月 26 日及 27 日的日記上寫道：

為了總會的會議而北上，連續二天要開會，但在我腦中浮現的是 WCC 的問題。

差不多一個月前就開始祈禱上帝，指示我明確的道路，行為不得違背國家以及基督長老教會。現在政府認為 WCC 是親共的宗教團體，等我好好地研究之後，若發現 WCC 是親共的話，我們就違背了國策，是絕對不行的。但是，假使 WCC 是一種像聯合國那樣的國際性組織的話，我想提出主張，說明事實的真相。

……才知道想使長老會脫離 WCC 的，確實是政府當局的意見。我想告訴當局我們會徹底弄清楚 WCC，若真的是容共團體的話，就不是我們的宗旨，我們便會退出 WCC。從就任議長開始，所擔心的事現在發生了。總會議長的立場萬一有錯，而導致全體皆錯的時候，只有自己挑起責任是無法解決的。請上帝賜我智慧與勇氣及力量。

1969 年 7 月 31 日，謝緯對於自己「時日不多」已了然於

胸，似乎早有「從容就義」的心理準備了。當天的日記上有感而發地寫著：

最近真正感覺自己的能力、生命的界限、人的一生，是神所安排的，使我們無法預測。不知道什麼原因，讓我感覺我的人生目標一天天逼近在眼前。

另於 1970 年 1 月 26 日的日記上有感而發地說：

數算自己年齡已經五十四歲了，……現在已經不是工作的開始，覺得是我的工作結算的時候到了。……

其倒數第二則日記 1970 年 3 月 31 日，謝緯為了總會「流會」一事，自責不已，感慨萬千：寫道：

總會成立以來，最惡、最羞恥的場面，終於臨到……身為總會議長，真的是覺得自己一定要負起責任來。

因為總會流會，所以未能選出新的議長，導致謝緯繼續擔任總會第 17 屆議長，也仍然要解決 WCC 的事情。而國民黨「強烈」要求長老教會總會退出 WCC 一事，著實讓身為議長的謝緯，陷入掙扎、無奈的情境之中。

◆ 疑點探討

　　一、是不是因為謝緯「不聽話」，長老教會總會沒有按照國民黨的意思退出 WCC 組織，只好使出「奧步」（爛招數），讓「車輛出事」？鄭兒玉牧師以為：「按照過去國民黨的『歹底』（台語，指不良紀錄）看來，有這種懷疑也是免不了的。」謝綸長老（謝緯胞弟，1919-）亦認為：「若因總會被迫要求退出 WCC 一事，是有這個可能性。」

　　二、若依上述之「車輛出事」一語，可解讀為「車輛機械故障」。若依照這個假設推論的話，即有三種可能：

1. 是車輛疏於保養，致「機械」本身真的出了問題。
2. 是「人為」問題（在車輛機械上動手腳）。
3. 亦有聽聞是國民黨特務開車尾隨謝緯，將謝緯的車子硬擠出車道，迫其撞向對向車道之路樹而身亡。

　　三、健康因素。謝緯是醫生，理當清楚自己的健康狀況，不至於因「久病纏身」而預感自己生命之即將結束，如癌症患者；依其宗教信仰，生命的源頭是上帝，賜給與收取生命之權亦在於上帝，謝緯又如何得知「何時」「是我的工作結算的時候到了」？就算是心臟病，也無法斷定什麼時候會「突發」，而預先「結算」其工作（生命）。依此推論，車輛出事之人為因素，亦是考量之

一。

四、另外有一疑點值得探討，就是 6 月 16 日（禮拜二）深夜的那一通從二林基督教醫院打來的「急診」電話，緊急通知謝緯前去開刀，因有一位疑似急性盲腸炎患者需要手術。謝緯告訴醫院護士說，北門（烏腳病）的刀要到半夜才能結束，隔天（17日）才會到二林。他還吩咐護士要先為患者打止痛藥，安撫一下病人的情緒，並替患者辦理住院手續。

若以謝緯一向「視病猶親」的愛人精神與積極的工作態度，他會忽略這位「急性盲腸炎」的患者嗎？依照謝緯的醫療行程，是禮拜一去埔里，禮拜三去二林。在沒有聽說埔里有急診病例的情形之下，謝緯當天（17日，禮拜三）早上為何沒有先到二林去為急診患者開刀？難道埔里有比「救人」更重要的事情？

結果，卻於當天「上午 10 點 40 分，謝緯的車子停在潘啟揚內科診所門口，在車內睡著了」。潘啟揚醫師請他入內休息，他說不用，因為要回南投了。與潘醫師話別過後，中午時分他回到南投大同醫院，接替夫人楊瓊英看診。吃過午飯，便回房小睡片刻。

身心俱疲的謝緯，是否正為了要如何妥善處理 WCC 事件，向國民黨有所「交代」心煩而「忘記」要去二林？以致於當天下午一點多「突然」從床上一躍而起，想起要去為病人開刀的事，且「急著」自行開車前往二林？

對照謝緯還未擔任總會議長時的 1968 年 7 月 20 日，這一

天是禮拜六，依其「例行」之醫療行程，不是去二林，但是當天的日記上記載著：「南投開刀，二林急患前往，凌晨四點半回到家。」沒有 WCC 事件使他分心，謝緯可以非常「自由」地四處「趴趴走」，前往各地從事醫療救人的工作。亦即，哪裡有急診，他就可以馬上行動，甚至改變既定行程，因為，「救人第一」是謝緯尊重生命的原則與態度。

◆ 懸案待解

謝緯的日記，只寫到 1970 年 4 月 17 日，所以，他「遇難」之前是否又有來自當局更大壓力之心理煎熬，不得而知。況且，6 月 17 日這一天，包括身體及精神狀況都已「疲憊不堪」的情形下，要讓「車輛出事」，何其容易。因此，謝緯的死因，至今仍是個問號。

謝緯去世之前，於 1970 年 5 月以總會議長身份，由夫人陪同到台南市主持台南神學院的畢業典禮。會後，他放棄台南神學院的聚餐，而至市內位於民權路之楊雲龍眼科醫院岳父家吃午餐。短暫的聚餐之後，和夫人一起驅車至市府路，探望妹妹謝瑤，之後，再往南至高雄縣岡山鎮，拜訪姊姊謝瓊。這是否意會到自己不久即將「遇難」，而先行與遠在南部的親人告別？是另一個問號，值得思考與玩味。

李筱峰老師曾感慨地說：「那些在二二八事件中被消除殆盡

的社會菁英，如果能假以一個正常的國度，他們之中，足可組一個堅強的內閣。然而，他們竟遭此下場，實在是台灣社會永遠無法彌補的損失。」謝緯之死，儼然另一種二二八事件重演，他如果沒有死，或多活十年、二十年以上的話，台灣的教會與醫療生態必然蛻變。

但是，他「雖死，尚在講話」（謝緯 1970 年 5 月 25 日講道題目）。莊萬壽老師在〈尋找台灣典範人物〉文中提到：「在紀念典範的時刻，我期盼在名間鄉車禍事故現場，能樹立『謝緯醫師終焉之地』碑，給予台灣人永恆的記憶。」

是的，除了懷思與追憶之外，也讓這四十五年的「懸案」有個水落石出的一天。

附錄四 重要影像記錄

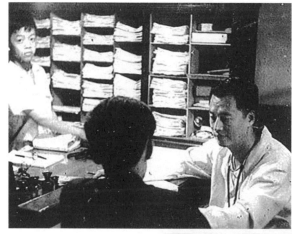

謝緯在自家的大同醫院看診，
親切對待患者。

謝緯（右四）參加教會林釖
壽長老(右五)嫁女兒喜事。

1 楊瓊英與四位小孩。（1955 年）
2 至謝斌墳前掃墓。左起：謝瓊、謝緯、吳上忍、謝綸、謝瑤。左上角謝經、右上角謝再生未克前往。（1961 年 2 月 7 日）
3 親族掃墓大合照。墓碑右一蹲者為謝緯；立者為謝綸。謝綸右：黃酉時、高端模。墓碑左一起：謝載烈、吳上忍、楊瓊英、汪蕙蘭。（1961 年 2 月 7 日）
4 全家福。左起：次女慧禎、夫人楊瓊英、長女慧華、謝緯、長子伶羶。謝緯前面的小孩為次男伶駑。（1959 年）

1	2
3	4

1　謝緯（右）與南神同學鐘子時（左）一起參加會議。
2　左起：謝緯、汪清、汪學文。
3、4　南投正泰電子公司建廠開工禮拜，謝緯（皆為圖左）
　　　前往證道。著黑色領帶者為李慶耀長老；司琴者為
　　　林麗端牧師娘。（1970年5月2日）

<table>
<tr><td>1</td><td>2</td></tr>
<tr><td>3</td><td>4</td></tr>
</table>

1　家族合照。前排左起：謝瑤、謝瓊、吳上忍、謝經、吳淑美。後排
　　左起：姜先生、謝緯、楊瓊英、汪蕙蘭、謝綸。（約 1962 年）

2　謝緯（左）與姜先生（右）。姜是吳上忍的義子，後來也去讀神學院。

3　謝緯（右）與弟弟謝綸（左）同月同日（3 月 2 日）生，一起吹蠟
　　燭慶生。

4　同為神學院前後期的楊作舟牧師（左二）　南投拜訪謝緯（右二），
　　右一為謝經。　　（1955 年）

1	2
3	4

1 南投縣警察局長黃麗川（前排左五）將離開南投，謝緯（前排左三）
　前往參加送別會。與會貴賓只有他換穿室內拖鞋。（1961 年 2 月
　18 日）

2 謝緯與次女慧禎在南投教會合影。（1961 年）

3 謝緯（右）與南投教會第三任牧師謝天祿。（1961 年）

1 謝緯（左二）抱著次男怜駕（左三）與夫人楊瓊英（右三）、次女
　慧禎（右一）、長子怜羣（右二）一同接待美國友人來訪。（1964
　年 7 月）

2 有朋自彰化來。左起：林麗端、鍾瑞能、梁讚美、吳天賜、連瑪
　玉、蘭大弼、謝緯、楊瓊英。（1966 年）

3、4 1965 年 4 月再度赴日進修外科手術，因為船班延誤，送別的
　　友人邀他同遊野柳。左圖左起：陳梓和、張秋濤、汪紫蘭、謝
　　緯、張春河。右圖左起：陳梓和、張秋濤、謝緯、黃天寶、汪
　　紫蘭、蹲者張春河。

1	2
3	4

1 攝於南投縣廬山溫泉，圖為謝緯站在吊橋上。
2 同上，謝緯打赤腳，難得的悠閒模樣。
3 謝緯全家福。謝緯（圖中）與夫人楊瓊英（二排左一）、長女慧華（二排右一）、次女慧禎（三排左一）、長男怜㠶（三排右一）及次男怜駕（前排一）合影。（1969 年）
4 南投的醫師友人。左起：謝緯、施義德。（1967 年）

1 | 2
3 | 4

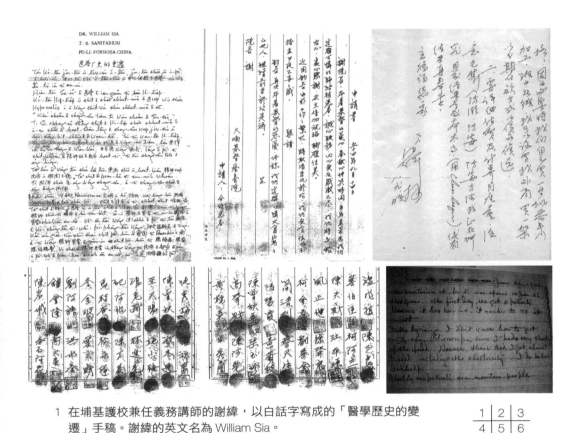

1 在埔基護校兼任義務講師的謝緯,以白話字寫成的「醫學歷史的變
  遷」手稿。謝緯的英文名為 William Sia。
2 肺病療養院患者請求謝緯繼續為他們診治的連署書。(1965 年 9 月
  14 日)
3 謝緯中文筆跡。
4、5 連署書上有 40 名患者簽名蓋章。
6 謝緯在日記中的英文筆跡。

1	2	3
4	5	6

敬祝謝緯先生榮任牧師誌喜

謝恩奉獻報福音
緯度神權通古今
牧會畢醫爾堪任
師表宣範眾同欽

主後一九四九年二月二八日
台南市太平境教會
蔡謝再生敬此

聘書

南投基督長老教會

聘書

1 謝緯（前排中）「封牧」儀式結束之後，全體牧師、會友及親
　友於教堂門前合影留念。（1949 年 2 月 28 日）
2 台南市太平境教會謝再生牧師的祝辭（楊瓊英家人在此聚會。
　謝再生牧師與謝緯么弟同名不同人）。
3 南投教會給謝緯的牧師聘書信封套正面。
4 南投教會給謝緯的牧師聘書信封套反面。
5 南投教會給謝緯的牧師聘書內頁。

	1		
2	3	4	5

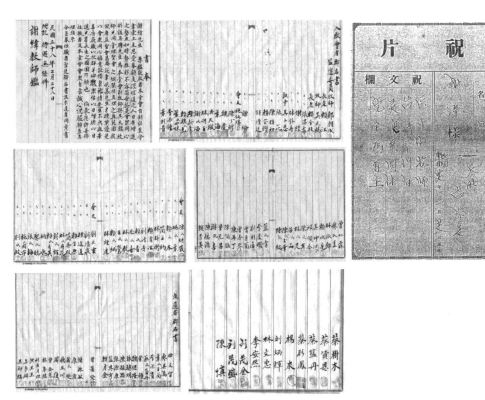

1　南投教會給謝緯的「待遇無條件」（無給職）牧師聘書內文。

2、3、4　南投教會給謝緯的牧師聘書——入教會者聯名書。入教會
　　　　者總計 73 位。

5、6　南投教會給謝緯的牧師聘書——求道者聯名書。求道者計 35
　　　位。

7　呂春長牧師恭喜謝緯封牧的賀詞：「醫生做牧師　台灣罕得有　靈
　　魂兼肉體　完全為著主」（台語）

1	2	7
3	4	
5	6	

謝緯在南投教會受封立為牧師（左圖）。眾牧師舉行「按立」儀式（右圖）。（1949 年 2 月 28 日）

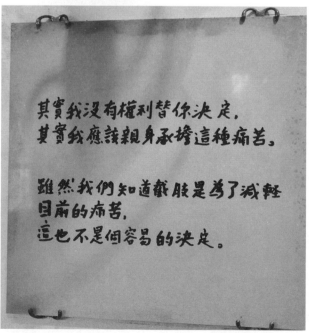

謝緯對於烏腳病患者必須截肢的不捨心情。

謝緯牧師為信徒施洗，當天的講道題目：「面如天使」。（1969 年）

1 | 2
3

1 謝緯（三排右三）參加台中中會南投區長執培靈會，前排右四起：吳天賜、梁讚美、吳上忍。（1951 年 10 月 2 日）

2 南投教會新任長老、執事合影。一排左起：黃素清、梁讚美、吳上忍、吳淑美、劉林甜。二排左起：賴金枝、陳梓和、張溫柔、吳天賜、謝緯、林釙壽、謝綸。三排左起：穆錫恩、許清廷、戴慶輝、劉振益、李慶耀、陳少維。（1959 年 2 月 15 日）

3 謝緯（三排左二著領帶者）參加南投教會第三任牧師謝天祿（前排左八）就任典禮。前排右七為美籍施加爾牧師。謝緯圖左的小孩，為作者本人。（1961 年 10 月 24 日）

1 ｜ 2
3 ｜ 4

1　謝緯（前排左三）參加南投教會長執就任合影。(1963 年 2 月 3 日)

2　南投教會長老、執事與受洗者（前排）合影。前排左六為南投教會
　　第三任牧師謝天祿，其左為牧師娘陳美玉。二排左起：賴寶讚、
　　穆錫恩、戴慶輝、吳天賜、梁讚美、廖森、謝緯、許清廷。三排左
　　起：李慶耀、謝綸、陳梓和、林朱雲、林釙壽。(1964 年 7 月 12
　　日)

3　謝緯（三排右八）　參加鍾瑞能牧師（二排中著牧師服者）歡迎
　　會。(1965 年 8 月 6 日)

4　謝緯（三排右五）參加南投教會第四任牧師鍾瑞能（前排右八）就
　　任典禮。(1966 年 1 月 5 日)

1 ｜ 2
3 ｜ 4

1 南投教會長執就任合影紀念。前排左起：李慶耀、鍾瑞能、吳天
賜、謝緯、劉林甜。二排左起：謝綸、林釦壽、張溫柔、梁讚美、
黃素清、許清廷。三排左起：賴寶讚、劉主典、林朱雲、黃天寶、
陳信誥、蔡坤西、廖森。（1967 年 4 月 2 日）

2 南投教會受洗者（前排）合影。一排左起：李忠揚、不詳、謝緯、
鍾瑞能、林淑靜、不詳、不詳、施麗雲、不詳。二排左起：陳信
誥、謝綸、林釦壽、黃天寶、張溫柔、劉林甜、梁讚美、黃素
清。三排左起：賴寶讚、許清廷、李慶耀、林朱雲、廖森、蔡坤
西。（1967 年 7 月 9 日）

3 在中國醫藥學院對學生團契演講。（1967 年）

4 謝緯牧師（講台後）於南投教會設教六十週年講道。聖歌隊三排右
四為作者。（1969 年 8 月 29 日）

1 南投教會長執與受洗者（前排）合影。二排左起：林釙壽、張溫
　柔、謝緯、鍾瑞能、梁讚美、謝綸。三排左起：蔡坤西、林朱雲、
　陳信誥。（1969 年 9 月 28 日）

2 南投教會長執就任合影。前排左起：林釙壽、張溫柔、楊瓊英、謝
　緯、吳天賜、梁讚美、鍾瑞能、林麗端、劉林甜、汪蕙蘭。後排左
　起：陳信誥、許清廷、李慶耀、黃天寶、劉主典、林朱雲、廖森、
　陳銘樑、賴寶讚、謝綸。（1970 年 3 月 2 日）

3 南投教會長執就任合影。前排左起：李慶耀、謝綸、林釙壽、張溫
　柔、謝緯、鍾瑞能、吳天賜、梁讚美、劉林甜。後排左起：許清
　廷、廖森、劉主典、黃天寶、林朱雲、陳信誥、賴寶讚。（1970 年
　2 月）

1 | 2
―――
3

1 在群山環繞的埔里肺病療養院，是隔離療養的好處所。
2 美國雜誌「展望」刊登謝緯別世消息。
3 埔里基督教療養院，即肺病療養院。圖左為護士李素貞。
4 英國教會月刊（1970 年九月號）報導謝緯牧師別世的消息。

1 2
3 4

1 謝緯在北門親切地為烏腳病患看診，右為王金河醫師。

2 謝緯就讀台中一中時的模樣。

3、4　謝緯牧師（左圖左；右圖右）應邀在不同場合以台語講
　　　道，其旁另有口譯（北京話）人員。(1962 年)

1	2
3	4

國家圖書館出版品預行編目資料

甘願做戇人：良醫牧師謝緯的醫療交響曲／陳金興著. -- 初版. -- 臺北市
：啟示出版：英屬蓋曼群島商家庭傳媒股份有限公司城邦分公司發行，
2024.02
面；　公分. -- (智慧書系列；29)

ISBN 978-626-7257-30-2 (平裝)

1.CST: 謝緯 2.CST: 醫師 3.CST: 神職人員 4.CST: 傳記

783.3886　　　　　　　　　　　　　　　　　113000668

啟示出版線上回函卡

智慧書系列29

甘願做戇人：良醫牧師謝緯的醫療交響曲

作　　　者／陳金興
企畫選書人／彭之琬、周品淳
總　編　輯／彭之琬
責 任 編 輯／周品淳

版　　　權／吳亭儀、江欣瑜
行 銷 業 務／周佑潔、周佳葳、賴正祐
總　經　理／彭之琬
事業群總經理／黃淑貞
發　行　人／何飛鵬
法 律 顧 問／元禾法律事務所　王子文律法師
出　　　版／啟示出版
　　　　　　臺北市104民生東路二段141號9樓
　　　　　　電話：(02) 25007008　傳真：(02)25007759
　　　　　　E-mail:bwp.service@cite.com.tw
發　　　行／英屬蓋曼群島商家庭傳媒股份有限公司城邦分公司
　　　　　　台北市中山區民生東路二段141號2樓
　　　　　　書虫客服服務專線：02-25007718；25007719
　　　　　　服務時間：週一至週五上午09:30-12:00；下午13:30-17:00
　　　　　　24小時傳真專線：02-25001990；25001991
　　　　　　劃撥帳號：19863813；戶名：書虫股份有限公司
　　　　　　讀者服務信箱：service@readingclub.com.tw
　　　　　　城邦讀書花園：www.cite.com.tw
香港發行所／城邦（香港）出版集團
　　　　　　香港九龍九龍城土瓜灣道86號順聯工業大廈6樓A室　E-mail: hkcite@biznetvigator.com
　　　　　　電話：(852) 25086231　傳真：(852) 25789337
馬新發行所／城邦（馬新）出版集團 Cite (M) Sdn Bhd
　　　　　　41, Jalan Radin Anum, Bandar Baru Sri Petaling, 57000 Kuala Lumpur, Malaysia.
　　　　　　Tel：(603)90563833 Fax：(603)90576622 Email：services@cite.my

封 面 設 計／李東記
排　　　版／芯澤有限公司
印　　　刷／韋懋實業有限公司

■2024年3月2日初版　　　　　　　　　　　　　　　　　Printed in Taiwan

定價460元

城邦讀書花園
www.cite.com.tw